社会人
1年目の
教科書

# できる営業担当者の話し方

あなたのコミュニケーション
能力を高める
81項

福田記子
株式会社E-Voice

近代セールス社

# はじめに

「今年、最も活躍した人に贈られるＭＩＰ（Most Impressive Player）は、圧倒的大差で、この方に決定しました！　南徹哉さんです！」

歓声と割れんばかりの拍手。目の前に花道ができ、ステージまで一直線に迎入れられます。ステージ前では、社長が手を広げて待っています。「よく頑張ったな」とねぎらいながら、強くハグをしてくれました。今日のパーティーのために、ビシッとセットしたヘアスタイルはぐちゃぐちゃにされました。ステージに上がり、マイクの前に立った私（筆者）は、ただただ「ありがとう」と感謝の言葉しか出てきませんでした。

報告してくれたのは、私の講座を受講されている南さん。

私のところに来たのは2年前、前職に在職中の頃でした。生まれたばかりのお子さんに障がいがあり、出産後の奥様はご病気になりました。家族の介護、初めての子育て、資金的にもにっちもさっちもいかない状況でした。

私とのセッションがスタートしたものの、彼は3か月で「辞めたい」とメッセージを送ってきました。

ここで辞めたら、きっと南さんは、自分自身のことを信用できなくなる。そう、強く感じた私は、率直に伝えました。

自分との約束を破ることを続けると、「またできない」「どうせ自分にはできない」「今までも無理だった」というセルフイメージになります。

人は、自分の決めたことをやり遂げることで、自分自身のことを信用できるようになります。

「どのような自分でありたいのか、決めるのは、南さん自身です。どうしたいですか？」

「続けたいです。約束を守る自分でいます」

南さんの人生が変わった瞬間だったと思います。

「妻と毎晩話をするんです。『今日も何も変わらなかったね』と…」

「今日も何も変わらない、って言ってるから、今日も何も変わらない自分を実現しちゃってるよね。自分が言葉にしていることが実現してるよね」

南さんは「あっ、言ってる。言っちゃってます」と声を上げました。

そこで、次に掲げる、費用がかからずにすぐにできることを3つやってもらうことにしました。

①奥様に毎日「ありがとう」と口に出して伝えること
②家族で毎日15分、散歩に出かけること
③不用品をメルカリで販売すること

人生を変えるために必要な要素とは、行動したことによって成功体験を積むことです。ほんのちょっとしたことで構いません。人は、自分でやってうまくいったことは、続けられます。続けるために、すぐに結果が出るやり方を教えました。

何回やってもうまくいかないと、人は挫折します。一度失敗すると、チャレンジするのが億劫になるものです。また、方法が間違っていると、何回やっても思うような結果は得られません。

そもそも、良い方法を教えてもらったり知ったとしても、行動しない人がほとんどです。

読者のみなさんは、人が何かをやろうと思って、諦めるまでの平均回数をご存じでしょうか？『思考は現実化する』の著者、自己啓発作家ナポレオン・ヒルの調査によると、諦めるまでの平均チャレンジ回数は、0・8回だそうです。

ほとんどの多くの人は、何かをやる前から諦めます。チャレンジさえしないことを意味しています。

ですから、自ら行動したことによって、うまくいったとか、変化があったとすぐに実感できるって、とても大切なんですね。

前述の南さんは、ご自身で「感情表現は豊かではない」とおっしゃっていたとおりでした。最初は「ありがとう」の言い方も、ありがたさが伝わらない。うれしいことがあったとしても、うれしいの？　喜んでるの？　全然わからない。ご飯が美味しくても、「美味しい」って言ってない…。

筆者は講座を通じて、事細かに指摘しました。言い方・話し方の練習とフィードバックを繰り返しました。すると徐々に報告内容も変化していきました。目標設定の仕方も上達していきました。

「会社や会社のメンバーに貢献した人が表彰される表彰式が年に一度あります。例年、MVPは、営業部の方が受賞されます。営業部以外の部署で、私が一番最初に受賞したいと思います。営業部じゃなくても、MVPが取れる、ってことを証明したいです」

南さんはそう言いました。

「いいですね！　じゃあ、ＭＶＰを取りましょう。南さんなら取れますよ」

その日から、南さんは社内ＭＶＰを獲得することを目標に動き出します。

「どんな人が、ＭＶＰを受賞していますか？」

「そうですね、まず営業成績が良い人です。売上で貢献した人です。私の部署は、営業じゃないので、直接、売上を作ることはできません。どうしたらいいでしょうか？」

「なるほど、そうなんですね。南さんの業務で、数字で表せることはありますか？」

「私の部署では、ご契約いただいた企業様の社員の方に説明会を開催しています。説明会に参加してくださった社員さんそれぞれが、納得して企業年金に取り組むかどうかを決められるようになっています」

「では、説明会参加後の社員さんの申込率は出していますよね？　そのパーセンテージを部内で一番にしましょう。そのうえで、どんな人なら、上司や社内の人から評価されると思いますか？」

「やはり、好かれる人でしょうか」

「そのとおりですね。ＭＶＰを取るためには、その賞にふさわしいと思う人材を、上司が選ぶと思います。つまり、選ばれる人にならないと、どんなに成績が良くても賞は取れないですよね」

やることが明確になった南さん。私たちは、南さんが社内の人から選ばれる人になるために、具体的にやることを5つ決めました。

①セミナーの見直し。決まったスライドでセミナーをしても、成約率に差が必ず出ます。話し方や見え方の改善。

②「○○さん、おはようございます」。あいさつは、自分からしよう。相手の名前を入れて、あいさつをする。

③「ありがとう」のお礼は3回言う。その場だけでなくて、「あのときは助かりました！ありがとうございます」と再度伝えること。

④困っている人をサポートする。自分の仕事が早く終わったなら、「何かお手伝いできることはありますか?」と声かけする。忙しい人、大変な人を全力で手伝う。サポートする。営業のサポートになることは積極的にする。

⑤自分のうまくいったことをシェアする。共有する。部署のみんながうまくいくように教える。

以上の5項目を徹底して実践してもらいました。

結果は、冒頭の南さんからのご報告のとおりです。社員数108名の会社（受賞時）で、MVPのさらに上の、社内ナンバーワンの賞を受賞。担当する説明会では、常に80～90％超えの高い成約率を維持しています。

受賞後、今まで話したことがなかった人からも声をかけられるようになったとのこと。今では、新入社員の指導を任されるメンターとして活躍しているそうです。

南さんは言いました。

「福田さん（著者）に最初会ったとき、『人生が変わるよ』と言われたことを今でも覚えています。ちゃんと実行できていたんだな、と今は思えます」

さあ、次はあなたの番です。

これまでに私と出会ってくれた受講生は、話し方・伝え方で人生を変えてきました。

私自身も、アニメ声と言われ、いじめられていた小中学生時代。いじめっ子たちを絶対に見返してやる！　と決意し、話し方のトレーニングを積みました。

アナウンサーとして、キー局では月～金曜日の番組にレギュラー出演し、担当した通販番組では、あまり売れていなかった商品をベストセラー商品へ育てあげることもできました。アニメ声といじめられてきた私が自分の人生を大きく変えることができたのは、まさに「話すこと」「伝えること」の技術を習得したからです。

話し方・伝え方は最強のビジネススキルです。スキルである以上、後天的に誰でも伸ばすことができます。

営業成績が上がる、売上が上がるだけでなく、仕事が楽しくなり、人生も豊かになります。あなたの使う言葉で、あなた自身のあり方も変わります。あなたの話し方・伝え方は、今後の人生を左右し、周囲の人に多大な影響を与えます。

本書には、弊社クライアントの事例をはじめ、実験と検証済みのノウハウを詰め込みました。ひとつでもふたつでもよいので、まずは試してほしいのです。効果を発揮するためには、実践です。知っている→やる→できる→続けると、スキルとして身につきます。

気になる項目からすぐに試せるよう、取り組めるように組み立てています。

ビジネス本は、使ってなんぼです。今すぐ活用してください！

２０２５年２月

株式会社Ｅ－Ｖｏｉｃｅ　福田記子

# 目次

## 第6章 お客様の行動をうながす話し方 207

# 第1章
# 職場における話し方

1

あいさつの基本

# 相手に届く明るい声があいさつの基本です

あいさつで最も大切なことは、相手が『自分に対するあいさつだな』と認識することです。

『私は、あいさつしています』と思っていたとしても、相手に認識されていなければ、していないのと同じこと。認識されていないと「最近の若い人はあいさつもできない」などと、小言を言われることになりかねません。

ですから、ただあいさつすればよい、ということではなく、明確に相手に気がついてもらえるようなあいさつをする必要があります。

大前提として、声の大きさは認識してもらいたい相手まで届くこと。あいさつした相手からの反応があるかが、声が届いているかどうかを判断するポイントになります。ただし、声の大きさは、大きすぎるとただのうるさい人だと相手に不快感を与えてしまいます。職場では、電話中、会議中、接客中など、さまざまなシチュエーションがあります。たとえ小さな声であっても、明瞭に聞こえることや、相手に届くことのほうが重要です。

そこでポイントとなるのは、表情、口の開き方、声のトーンです。

表情は、口角を上げた笑顔。大きめにハッキリと口を動かします。声のトーンは、「ソ」の音を意識しましょう。笑顔で発声するだけで、明るい音に聞こえます。

静かな職場でも、口を大きく明確に動かすと、口の動きから、あいさつをしているのだと読み取れます。また、音階の「ソ」の音は、ちょっとトーンを上げようと意識させてくれる音です。音程が合っているどうかの問題ではなく、いつもより明るい声を出すための方法です。

2

声かけの基本

# 声かけは「お名前」に「肩書き」を添えること

あいさつのとき以外でも、声かけのときには、「○○さん」とお名前を添えましょう。

(△)「支店長、お時間をいただいてもよろしいですか」

(△)「部長、こちらの書類に押印をお願いします」

このように、肩書きだけで声かけをしてしまうことが多いかもしれません。この場合は、「○○支店長」「○○部長」など、お名前プラス肩書きにしましょう。

人にとって、名前は個人のアイデンティティを表現する重要な要素です。職場や組織の中でも、『○○さんという個人を大切にしています』というメッセージを表現することが大切です。声かけの際は、ぜひ、相手のお名前に肩書きを意識的に添えましょう。

3

上司への声かけ

# 必ず要件と時間を予告する

忙しい上司は、常にいくつもの案件を抱えているものです。スケジュールも分単位で動いていることが考えられます。

そこで、最初に、「どのような要件で、どれくらいの時間（てま）を取らせることになるのか」の予告をしてあげましょう。

**【トーク例】**

「○○部長、取引先であるA社○○様からのクレーム対応の結果をご報告したいのですが、3分ほどお時間をいただいてもよろしいでしょうか？」

ポイントは、

▼今からどのような話をしたいのか？

▼それはどれくらいの時間を要するのか？

を簡潔かつ明確に伝えることです。

これは、相談や質問など時間が必要なものであれば、いつなら時間を作ってもらえるのかについて、約束をする方法でもあります。

そして、緊急を要するものや上司の判断や対応が必要な案件ほど、早く伝える必要が出てきます。そのような場合でも、この話を今聞かなくてはいけないかどうかの判断を瞬時に行えるように、最初の一文でわかるようにするのがよいでしょう。

上司への報告時の声かけ

YouTube 動画

4

上司への報告

# 上司への第一報では目的を具体的に示すこと

上司に報告する際の第一声は、「何の報告なのか?」の目的語を明確に示すことです。

「A社との打ち合わせについて報告します」

これは、よくありがちな表現ですが、これではA社との「何の」打ち合わせなのかが、さっぱりわかりません。

「昨日行われたA社との商談状況についてご報告いたします」

このように、『商談状況』という目的語を入れると、何のことを話したいのか、明確に相手に伝わります。これで『現在の状況が聞けるのだな』と上司は予測できます。

状況なのか、結果なのか、条件なのか、何の報告かを予告しましょう。最初の一言によって、聞き手である上司は聞く心の準備をすることができるのです。

ところで、私たちは「～について」「～に関して」とつい使いがちです。とても便利な日本語ですが、目的語がぼやけてしまうことが多い言葉です。目的語をぼかしたいときにはとても重宝します。ところが、忙しい上司への第一声では、ふさわしくありません。目的語がなくならないようにしたいものですね。

ただし、「～について」と使ってはいけないわけではなく、目的語が不明確にならないように使用しましょう。

結論から話せってホント？

YouTube 動画

5

悪いニュースの伝え方

# 悪いニュースほどできるだけ早く伝える

良いニュースと悪いニュース。どちらから報告すべきでしょうか。悪いニュースの報告は、気が引けるもの。叱責されるかもしれませんし、嫌な顔をされるかもしれません。

ただし、会社では悪いニュースから報告すべきです。理由は、上司やリーダーの判断が必要であったり、いち早く対処すべき事項であることが考えられるからです。とくに忙しい上司には、良いニュースは、メールなどで残せばそれで済みます。

しかし、悪いニュースを放置していると、組織へのダメージにつながりかねません。

悪いニュースや一刻も早く対処すべき事項は、多少自分が叱責されるとしても、なるべく早いタイミングで報告しましょう。

6

相談の基本

# 相談時には、どれだけ時間を割いてほしいのかを伝える

「相談したいことがあります。5分程度お時間をいただけますか」

話の冒頭で、どれくらい時間を割いてほしいのかを明確にし、相談であることを伝えます。

できれば、何の相談なのか、目的語も入れましょう。

資料作成の方法なのか、依頼された仕事の期日なのか、はたまた時短勤務の相談なのか。何の相談かによって、今聞いたほうがよいのか、別室で時間をとろうかなど、上司の側も配慮できたりもします。

そして、アドバイスをもらったら、まずはそのとおりにやってみること。素直な人へ

は、助けの手が差し延べられるからです。

アドバイスをいただいた際に言ってはいけない言葉は、「参考にします」です。

この返答は、相手に失礼であることを認識しましょう。アドバイスに対し、参考にし、そのとおりに行動しないのは、相手の時間を奪う行為です。これを繰り返していると、『どうせアドバイスしても言われたとおりにしない人』という評価になり、周りから相手にされなくなってしまいます。

相談をするのであれば、受けたアドバイスのとおりにすることを徹底しましょう。

忙しい人への相談の仕方

YouTube 動画

7

伝言&連絡の基本

# 社内で共有すべき情報は簡潔にメモをして残す

来客や電話の応対をしたときには、伝言や連絡を必ず行います。

顧客担当者に引き継ぐことはもちろんですが、社内で共有すべきことは簡潔にメモにまとめます。社内共通のメモフォーマットがある場合は、それを活用しましょう。

メモの記載方法は、箇条書きが基本です。誰が見ても、瞬間的に理解できるように配慮します。

伝言や連絡事項は、次に掲げる5W2Hの情報を確認します。

「When（いつ）」

「Where（どこで）」

「Who（だれが）」
「What（なにを）」
「Why（なぜ）」
「How（どのように）」
「How Much（いくらで）」

ビジネスでは、予算や会費など、金額も構成要素として入れておくと、抜けや漏れを防げます。

そのうえで、次のようにタイトルを入れます。

「○○様へ折り返しお電話をお願いします」

伝言や連絡の目的と、相手に求める具体的な行動を明示します。何をしてほしいのか、具体的行動をお伝えします。

メモに残したら、適切な方法で連絡をします。

▼その1　メモ＋電話
▼その2　メモ＋口頭
▼その3　メール＋電話

## ▼その4　メール＋口頭

メモやメールのみの連絡ではなく、必ず口頭で直接伝える習慣を身につけましょう。相手の見逃しや見忘れなどを防ぐこともできます。必要に応じてリマインド（思い出す）することも念頭に入れておきましょう。

そして、伝言の依頼者に対して、フォローアップできると信用度が増すことでしょう。伝言を頼んだほうは、『ちゃんと伝えてくれたかな？』と少なからず心配になっているものです。そこで、担当者に連絡済みであること、折り返しの連絡はいつ行われるかなど、一報入れることができると、先方にも安心してもらえます。

仕事でミスする人の
３つの特徴

YouTube 動画

8

多忙なときの回答法

# 忙しいときにはただ断るだけでなく代替案や対応可能な時間を示す

忙しいときに「今、忙しいので」と回答してもよいのでしょうか？

答えは、もちろんＮＯです。

職場で円滑なコミュニケーションをはかりたいときには、あまりふさわしい表現ではありませんね。

仕事をしていれば、もちろん、忙しい状況もありえます。忙しい状況のときにこそ、上司や先輩に上手な伝え方ができると、余裕がある人だと評価されます。では、どのように伝えればよいでしょうか。

【トーク例】

急ぎの仕事をしている最中に、他の仕事を依頼された場合です。

「今、A先輩から依頼された資料作成を行っています。締切が本日15時のため急いで仕上げているところです。16時以降でしたら対応可能なのですが、16時過ぎでよろしいでしょうか？」

具体的に何に取り組んでいるか、または何に時間を割いているか、「忙しい」状況を説明することで、相手に理解されやすくなります。また、気遣いができる人は、理由を述べるところで終わらせません。続けて代替案や対応可能な時間を提案するとよいでしょう。

できる大人はこう答える

YouTube 動画

9

質問の基本

# 上司や先輩に教えてもらったら必ず「ありがとうございます」で返す

職場において、上司や先輩への適切な質問の仕方は、新入社員として配属されたあと、さまざまな場面で重要になります。特に、上司や先輩は、常に時間に追われていて、新入社員に対して、丁寧に指導する余裕がない場合が多いというのが実情です。

ですから、質問する側も、相手にどのように伝えたらわかりやすく、相手に負担をかけずに質問できるかを考える必要があります。

適切な質問を行うためには、①質問の準備と伝え方、②質問する際の心構えが重要です。

## ①質問の準備と伝え方

忙しい上司や先輩に対して質問や相談をする場合には、事前にどれくらい時間がかかるかを伝えることが大切です。

### ▼時間の目安を伝える

【トーク例】

「○○の件でご相談したいのですが、○分ほどお時間をお取りいただけますでしょうか？」

具体的に時間を示すことで、相手は予定を立てやすくなります。

### ▼質問内容を明確にする

何を聞きたいのかわからない質問をされても、上司や先輩は困ってしまいます。質問する前に、自分なりに整理し、結論や要望を最初に伝えるようにしましょう。

【トーク例】

「○○の件ですが、△△という方法で進めようと考えています。進めるに当たって気をつけなければならないことはありますか？」

自分の考えを明確に示すことで、相手も的確なアドバイスをしやすくなります。

## ②質問する際の心構え

## ▼「報連相（報告・連絡・相談）」を徹底する

上司や先輩は、部下や後輩が今、どのような状況で、どんな仕事をしているかを把握できていない場合があります。そのため、指示された業務の内容や進捗状況をこまめに報告・連絡・相談することが求められています。

こまめな報告、と言われると、どのくらいの頻度がよいのか？ 悩まれるかもしれません。例えば、何かの資料を作成するのであれば、着手時（ゴールイメージ）、中間（進行状況、問題点）、終了（成果物、結果）と、少なくとも3回は状況報告をします。これによって、上司や先輩との認識のズレを防ぎ、スムーズに業務を進めることができます。

## ▼「できない」ではなく「どうしたらできるか」を考える

わからないことがあったときには、すぐに「できません」「わかりません」と相手に委ねたくなるものです。

ところが、まずは自分で調べてみることが大切です。それでも解決できない場合に、質問したり相談したりします。相談するときには、

「○○について調べたのですが、△△がわかりません。△△はどの資料を見ればわかるでしょうか？」

などと、どこまで理解していて、どこからが不明なのかを明確にします。

また、「どうしたらいいでしょう」とすべてを委ねるのではなく、今後、自分ひとりで仕事を進めることを考えた聞き方をするとよいでしょう。『自分でやろうとしているな』という姿勢を見せることで、快く教えてもらえるものです。

## ▼感謝の気持ちを伝える

上司や先輩に質問や相談をする際には、忙しい時間を自分のために割いてもらっていることに対する感謝の気持ちを伝えましょう。

「ありがとうございます」「お手数をおかけします」といった言葉を添えます。

上司にとっては、部下の教育も仕事のうちかもしれませんが、感謝の気持ちを表現する人はかわいがられるものです。

かわいがられる人は、いざというときや困ったときに、助けてもらえる人です。日頃から感謝の気持ちを言葉にすることを習慣にしましょう。

10

指示出しの基本

# 部下への指示出しは一度に3つまで

部下への指示がわかりにくい上司は、リーダーシップを発揮できません。指示出し上手になるためには、次の3つのポイントがあります。

**①指示であることを明確に伝える**

誰に対して、どのような依頼をするのかを具体的に示します。

**【トーク例】**

「○○さん、お願いが2つあります」

誰にいくつの依頼事項があるのかを明確に伝えることが重要です。

**②指示は一度に3つ以内にする**

一度に多くの指示を出すことは、部下にとって負担が大きくなってしまいます。一度に出す指示は3つ以内とし、重要なことや緊急性の高いものから順番に指示を出しましょう。3つ以内にすることで、部下は混乱せずに業務に取り組むことができます。

## ③復唱してもらって認識を確認する

指示の内容を部下に復唱させることで、理解度を確認します。「いつまでに」「何を」「どのように」行うのか、部下の認識を確認しましょう。

指示内容や仕事の全体像を部下がしっかりと理解しているかどうかを確認しましょう。確認方法は「復唱させる」「アウトプットさせる」「プロトタイプを作成させる」などです。

**【トーク例】**

「今の指示内容を復唱してみてください」

指示をした本人に復唱してもらうと、抜けや漏れ、認識の違いがわかりやすいものです。そのうえで、足りない部分を補足説明したり、別の表現をしたりします。

業務の難易度が高い場合は、具体例を示したり、進捗状況を共有する機会をあらかじめ設定するとよいでしょう。

11

効果的な伝え方

# ミスをした部下には具体的な解決策を提示する

人事部でなくても、立場によっては、部下育成も仕事のひとつです。

新入社員から「上司ガチャ」と言われる時代。上司側としても、自分の部下を好きに選べるわけではありません。自分の業務に加えて、育成業務も加わります。大変かもしれませんが、部下の成長をともに感じられる喜びは大きいものです。

## ①理解度や習熟度など現状を確認する

仕事の全体像や内容を部下がしっかりと理解しているかどうかを確認しましょう。

確認すべき内容は、仕事の段取りや適切な方法を選択できているか、業務で使用するハードやソフトの操作スキルは身についているかなどです。

また他の人に教えることができるようになると、知識やスキルがしっかりと身についていると言えます。

社内プレゼンなどの機会をもうけ、自身の成果を発表する成果発表会を行うことも良いでしょう。

## ②解決策を提示する

ミスをした部下に対しては、具体的な解決策を提示します。やってはいけないことは「なぜ?」と問い詰めてしまうこと。

**【トーク例】**

**「次からは○○しましょう」**

**「あと10分早く到着しましょう」**

具体的な対策を示すことで、部下は受け入れやすくなります。

「なぜ遅刻したの?」と責めると、人は言い訳をしたくなるものです。

次からどのようにするのか、前向きな対応をします。そのうえで、決め事やルールにすることも場合によっては必要です。

## ③4つの学習タイプに沿って伝える

人はそれぞれ、どのような情報があれば行動に移せるか、学習のタイプが異なります。部下の学習タイプを見極めることで、より相手に響くように伝えられるようになります。
そこで、人材育成の場面では、相手の学習タイプを理解しておくことも有効です。

## ◉４つの学習タイプ

### ▼「なぜ」タイプ

この業務をなぜ自分がしなければならないのか、その理由が理解できないと仕事に取り掛かれないタイプです。

### ▼「なに」タイプ

この業務は何の役に立つのか、メリットが知りたいタイプです。

### ▼「どうやって」タイプ

どうやってこの業務を進めたらいいのか、具体的な方法を知りたいタイプです。

### ▼「今すぐ」タイプ

言われたことをすぐに実行できるタイプです。

指示を出したり、教えたりする場合には、「なぜ」↓「なに」↓「どうやって」↓「今すぐ」の順番で伝えると、どのタイプにも伝わりやすくなります。

人は、自分と同じ学習タイプの人には伝えやすいものです。ところが、異なる学習タイプの人には、タイプに合わせた表現をしないと伝わらないものです。

「何回言っても伝わらない」「なぜわかってもらえないのだろう」と感じた場合には、学習タイプに沿った伝え方をしてみることをおすすめします。

# 12 上司の「名前呼び」「笑顔」「褒める」「受け入れる」が部下を元気にする

部下を元気にする声かけ

部下を元気にするためには、話をよく聞く、部下の立場を理解する、成長を褒める、など、さまざまな方法があります。

特に効果的な声のかけ方について解説します。

**①部下の名前を覚える**

お客様の名前を覚えて呼びかけると、お客様は親近感を持ってくれます。誰にとっても名前は特別なもの。

部下も同じように、名前を呼ばれると、自分のことを気にかけてくれていると感じ、やる気につながります。

## ②笑顔で接する

笑顔は、相手に好印象を与え、安心感を与える効果があります。いつでも穏やかな笑顔で接することで、安心感を与え、話しやすい雰囲気を作ることができます。

## ③感謝の気持ちを伝える

感謝の気持ちを伝えることは、良好な人間関係を築くうえで非常に大切です。部下がしてくれた仕事に対して、「ありがとう」「助かったよ」と感謝の気持ちを伝えるようにしましょう。

## ④良いところを褒める

誰しも、他人から褒められると嬉しいものです。部下が良い仕事をしたときはもちろん、チームのメンバーや他者に貢献するような行動は、積極的に褒めましょう。

ポイントは、具体的な行動＋理由をつけて褒めることです。

**【トーク例】**

「○○さんのおかげで、このプロジェクトは成功できたよ。特に□□のところが素晴らしかった。ありがとう！」

「○○さんが一生懸命やってくれたおかげで、お客様にとても喜んでいただけたよ。○○

さんの頑張りが、お客様の笑顔につながったんだね」

「○○さんは、いつも新しいことにチャレンジしていて素晴らしいね。今回の□□に挑戦しようと思ったきっかけは何だったの？」

「○○さんは、いつも周りのみんなを気遣ってくれていて本当に助かるよ。○○さんがいるとチームの雰囲気が明るくなるね」

「～してくれて、ありがとう」と行動を褒めることは、できている方が多いと思います。さらに理由や感想を付け加えることで、上司としてのあなたが、部下のどういうところを評価し、気がついているか、認めているかがより伝わります。

## ⑤部下の話や立場を受け入れ認める

信頼関係を築くうえで、相手の話に共感することは大切と言われます。上司としては、経験値も高いですし、部下の立場に共感できることにより、『こうすればいいのにな』と、俯瞰できることも多いはず。

そこで、ひと工夫です。部下の話を聞く際には、共感よりも認める・受け入れるという姿勢でいると部下も話しやすくなります。

相手が話しやすい聞き方をし、質問します。

**【相手が話しやすい聞き方】**

▼相づちを打つ

▼うなずく

▼おうむ返しをする

「○○さんは、~と思ったんだね」

「○○さんは、~と感じたんだね」

▼前のめりな姿勢で聞く

▼視線を合わせる回数を増やす

**【相手の意見や考えを引き出す質問】**

「どうすればうまくいきそうですか?」

「他に考えられる方法はありますか?」

「次回に向けて対策するとしたらどんなことだと思いますか?」

# 13

声のかけ方のお手本

# 「相手の目を見て」「名前を呼んで」「問いを立てながら」「ポジティブに」

上司が意識すべき部下のお手本となる声のかけ方を4つのポイントで解説します。

**①相手の目を見て、明るい声のトーンで話しかける**

相手の目を見て話すことは、相手に「真剣に話を聞いてもらえている」という安心感を与えます。

どのくらい目線を合わせたらいいのか、というと3秒間です。

この3秒間というのは、テレビのカメラワークと同じ秒数です。カメラが動き出すとき、静止している状態3秒間ののち、動かします。それより短いと、映像酔いしてしまったり、不安定さを感じるからです。

ですから、視線を合わせるときにも、3秒を意識すると良いでしょう。じーっと見つめすぎてしまうのも、威圧感を感じたり、あらぬ誤解を与えたりするおそれがあります。3秒見て、いったん視線を外す。また3秒目を合わせる。と繰り返すのが理想です。

また、人は声のトーンから感情を読み取ります。言葉より先に、音の印象のほうが強いのです。

ですから、明るい声のトーンで話しかけることで、相手に好印象を与え、会話全体をポジティブな雰囲気にすることができます。

明るいトーンとは、どれくらいの音か？　というと、音階では「ソ」の音です。「ソ」の音は、意識的に高めのトーンにしようと思わないと出ない音です。

正確な「ソ」の音で話しかけましょう、と言っているわけではありません。あくまで、ご自身の中で、明るいトーンにしようと思ったときの目安です。心の中で、少しだけ呟いて、「ソ」のトーンで声を出しましょう。

**②名前を呼び、感謝の気持ちを伝える**

相手の名前を呼ぶことで、親近感が伝わります。「名前＝特別なもの」です。感謝の気持ちこそ、名前をプラスして表現します。

**【トーク例「名前＋感謝の言葉」】**

「○○さん、いつもありがとう」

「○○さん、とても助かっています」

お客様に対しても、「お客様」というのではなく、「○○様」とお名前でお呼びします。お客様は、担当者が自分のことをどれだけ理解しているか、気にかけているかを敏感に感じ取ります。

名前の読み間違いには注意が必要です。旧字体や普段使用しない漢字の場合には、正式な読み方を確認し、お名前でお呼びします。

## ③適切な問いを立てる

仕事をしていたら、大変なことや困ったことも起こるでしょう。そんなときこそ、チームワークの見せどころ。一致団結するチャンスです。

上長・上司の在り方や態度は、チーム全体の雰囲気に影響します。怒ったり、怒鳴ったりしても現状は改善しません。苛立ちは、思考停止とパフォーマンスの低下につながります。

そこで、問題解決に導くための問いを立てます。

**【トーク例】**

「どうやったらより良く解決できるだろうか？」

「どんな作戦があるかな？」

「仮に制限がないとしたら、どんな方法が考えられるか？」

人は、問いに対しての答えを見つけ出そうとするものです。

## ④ネガティブな言葉はポジティブに変換する

ネガティブな言葉を使っていると、支店や職場の雰囲気もネガティブになるものです。日本語には、「言霊」という言葉があるとおり、古代より言葉の持つ力が信じられてきました。ちなみに「言霊」というワードは、万葉集の歌の中にも使われている歴史ある言葉です（柿本人麻呂「しきしまの大和の国は言霊の幸わう国ぞま幸くありこそ」）。

不平不満、愚痴、否定的、責任転嫁、消極的、後ろ向きな言葉は、周囲の人の心に影響を与えてしまいます。

そこで、できればポジティブなワードに言い換えるか、解決策を導く問いを立てることをおすすめします。

例えば、「腰が痛い。今日も仕事しすぎだ」、ブスっとした表情でトーン低めに言うのと、トーン上げて元気に言うのでは、全然違って聞こえます。

もしネガティブなことを言ってしまいそうになったら、わざと明るく元気な声で言ってみましょう。自分自身も元気になれますよ。

部下の褒め方５つのポイント

YouTube 動画

14

人が辞めない声かけ

# 「あいさつの徹底」「承認」「成長の後押し」で居心地が良くなる

人材が辞めない声かけによる配慮は、社員のモチベーションを高め、会社や仕事への愛着を深めるために非常に重要です。

## ◉「あいさつ」を徹底し、居心地の良い職場にする

「あいさつ」は、コミュニケーションの基本です。

ところが、頭ではわかっているのに、大人になるとできなくなってしまうのも事実。日本では、多くの小学校や地域であいさつ運動が盛んです。小学生のときには、近所の人にも元気よくあいさつできた私たち。なぜか、大人になり、すれ違ってもあいさつしないこ

とが普通になってしまいました。

原因を考えてみると、多くの人が自分だけあいさつするのは変なんじゃないか?と、あいさつをすることによる抵抗感や違和感を感じてしまうこと。

あいさつしても返事をしてもらえない、スルーされてしまうなどの要因で、だんだんあいさつをしなくなってしまうことも考えられます。

相手に返事をしてもらえるあいさつとは、相手が自分に言われたと気がつくことです。気づかせるためには、「名前+あいさつ」が効果的です。名前を言われて、スルーするのは、難しいものです。

「名前+あいさつ」は、あなたに言っていますよ、と明確にするあいさつの仕方です。また、感じの良いあいさつができるだけで、職場の雰囲気はグッと良くなります。窓口担当者や渉外担当者は、感じが良い方は多いでしょう。ここはぜひ、職場内のあいさつナンバーワンの方をお手本に、みんなで見習いたいものです。

特に朝一番は、声が出にくいものです。急に声を出そうと思っても、ボリュームの調整がうまくいかなかったり、声がかすれたりもします。職場の方にあいさつをする「声出し」を自らに課しましょう。

朝のあいさつを明るく行うことは、自分自身の一日のスタートを爽やかにする秘訣です。

## ◉職場への所属意識や自己重要感を与える声かけをする

人は自分の存在価値を認めてもらえることでやる気が出ます。また他者への貢献の気持ちも生まれます。

【トーク例】

「○○さんのおかげで無事に乗り切れたよ。ありがとう」

「○○さんがいてくれて、助かったよ」

「○○を提案してくれて、ありがとう。どうやったら実現できるか一緒に考えよう」

主体的に積極的に行動してくれるメンバーには賞賛を与えましょう。自己重要感を感じられると、報酬を得るという目的だけでなく、仕事自体を楽しめるようになります。

ここで仕事ができてよかった、とチーム全員が思えるような声かけをしたいものです。

## ◉メンバーの成長を後押しする

人は、自分にメリットがある話や、自分を成長させてくれる人に興味を持ちます。仕事を通じて成長を実感できるよう、新しい仕事に挑戦する機会を与えたり、スキルアップのための研修参加を促したりするのも良いでしょう。

**【トーク例】**

「この新規プロジェクト、○○さんのリサーチ力と分析力が素晴らしいので、適任だと推薦しましたよ」

「最終的な責任は私が取るので、思う存分チャレンジしてください」

といった提案が有効です。

リクルートワークス研究所の「全国就業実態パネル調査」（２０２３年10月公表）によると、一生涯、同じ企業で勤めあげる人（転職回数０回）の割合は、50～59歳男性で34・1％、20～29歳男性で64・7％という結果になっています。つまり、裏を返せば職場の３分の２の人は今後転職する可能性があるわけです。自己成長を感じられる職場には、長く居続けたいと思うものです。

15

怒らない・叱らない話し方

# 「なぜ?」と問い詰めず解決策を提示する

「怒る」「叱る」という行為は、相手を威圧し、委縮させてしまう場合があります。「怒る」は自分のイライラした感情を相手にぶつける行為、「叱る」は相手に気づきを与えるため強く言う行為です。いずれにしても、強く咎める行為です。

特に、上司が「ちょっといいですか?」と低いトーンで声かけをすると、部下は『叱責されるのではないか』と不安な気持ちを持ってしまいます。それだけで部下は萎縮します。萎縮した状態では、何を聞いても頭に入ってきません。

問題があって話をしなければならない場合は、ミーティングの時間をとり、他のメンバーの前で叱責することがないよう、配慮が必要です。

また、部下がミスをした際に「なぜ？」と問い詰めても、何も解決しません。言われた部下は、言い訳を探すだけになります。

「なぜ？」の代わりに、「次からは○○しましょう」と具体的な解決策を提示し、再発防止を促します。

人為的なミスは起こり得るものです。

ヒューマンエラーが起こったときこそ、これまでのやり方の改善ポイントはないか、見直すチャンスです。

▼エラーが起こりやすい環境になっていないか？
▼考えられる改善策は何か？
▼他にどんな方法があるのか？
▼もっと良い方法はないか？

どの部分でミスが起こりやすいのかについて原因を探り、抜本的に解決する方法を見つけましょう。

**【事例】**

あるオフィスで入力ミスが多発していました。調べてみると、なぜか夕方に集中していました。最初は集中力の低下によって、ミスが多くなるのかと考えられていました。ところが、現場を確認すると、モニターに西陽が当たって見えにくいことが判明しました。そこでカーテンを設置し、時間帯に関係なくモニターの表示がしっかりと確認できるようにしました。

すると、当たり前ですが、入力ミスは改善されました。

この話をなんだ、そんなことか、と思ったでしょうか。

同じように、私たちは「ずっとこうだから」と慣習に従ったまま、改善できることを放置している可能性があります。

ヒューマンエラーは、エラーしにくい方法に改善すること。

ミスをしてしまうと、人はどうしても消極的になってしまいます。ミスを起こさないための策を考え実行していきましょう。

## 16

ミスを減らす伝え方

# メモを活用すればミスコミは防げる

職場でミスコミュニケーションが起こると、余計な仕事が増え、精神的にも疲弊してしまいます。

そこで、ミスが起こりにくい伝達方法をメンバー全員が身につける必要があります。

頭の中は整理されていても、口で説明しようとすると話にまとまりがない、ということはよくあります。

この場合、頭の中で考えたことを簡単なメモ書きにしてから、伝達する2段階方式を採用します。

メモすることは次の4項目です。

**①タイトルコール**
**②いくつの何**
**③小見出しをつける**
**④小見出しの中身・説明**

**①タイトルコール**

「今から、～の話をしますよ」と冒頭で伝えます。その際、目的語を明確に入れます。

**【トーク例】**
「クレームの経緯をご報告します」
「資料作成のやり方を相談させてください」
「急ぎの依頼事項をお伝えします」

**《悪い事例×》**
「A社について報告します」↓A社の何の話か、目的語が不明瞭。A社の商品なのか、A社とのミーティングのことなのか、ざっくりしすぎています。

**②いくつの何**

話の内容は、大きく分けるといくつあるのか。全体のボリューム感を予告します。
人は、この話はいつまで続くんだろう?と思うと、聞いていられないからです。

**【トーク例】**

「トラブルの原因は2点でした」
「お客様からの3つの変更点を伝言いたします」
「お願いが2つあります」

**③小見出しをつける**

「②いくつの何」で伝えた、「何」に該当する部分を、短く簡潔に抜き出します。イメージは、新聞の小見出しです。

**【例】**

「人数・場所・時間」
「送付先のリストアップと送り状の作成」
「価格・デザイン・品質」

**④小見出しの中身・説明**

短くまとめた小見出しの補足説明や詳細説明をします。このときの注意点は、該当しな

**メモの例**

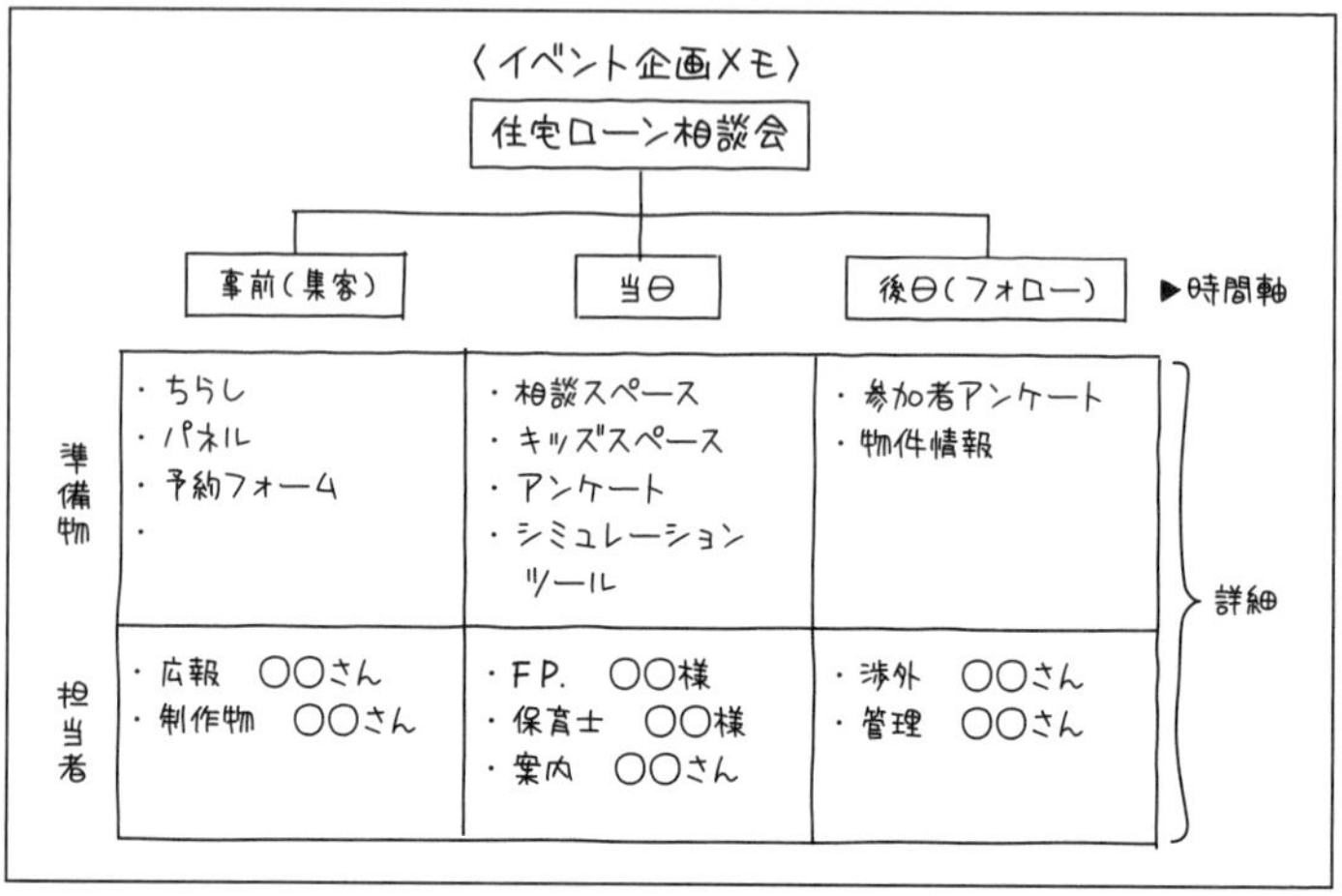


い要素をごちゃ混ぜにしないことです。

例えば、価格の話に、デザインの話を混ぜないこと。

ミスコミュニケーションを起こさないための伝え方の基本です。伝え方のフォーマットとして、身につけましょう。

17

既存客への提案

# 顧客満足度を上げる人間関係作りと付加価値の提供

みなさんは、お客様のニーズに合った商品やサービスを提供することで、顧客満足度を高め、売上アップにつながる重要な業務を担っています。ここでは、お客様との信頼関係を築くことと顧客満足度を高めることの2つのポイントに絞って、具体的な方法を解説します。

## ①お客様との信頼関係を築く

### ▼お客様のお名前を覚える

お客様のお名前を覚えて呼びかけることは、親近感を持ってもらうための第一歩です。お名前を間違えると失礼にあたりますので、名刺交換時などなるべく早いタイミングで確認しておきましょう。

### ▼お客様との人間関係を作る

お客様との会話からニーズを探ります。天候、地域、家族、旅行、趣味、仕事などの話題を取り入れつつ、お客様の属性や性格に応じて会話の内容を変えることが重要です。できるだけお客様の興味のある話を選びます。

### ▼わかりやすい説明

お客様に商品やサービスを理解していただくために、簡潔でわかりやすい説明をします。なるべく専門用語は使用せずに、小学5年生が理解できる程度のわかりやすさを目指します。お客様の立場に立って、メリット・デメリットを明確に伝えます。

### ▼お客様のお断りにも誠実に対応する

お客様からのお断りの理由を把握し、適切な切り返しトークを使います。お客様は損をしたくないものです。定期的に連絡をし、担当者を思い出してもらえるよう継続してフォローします。

### ▼電話応対

電話は、お客様と直接顔を合わせずにコミュニケーションをはかるため、声のトーンや言葉遣いに配慮が必要です。意識することは、お客様が必要とする情報を伝え、興味を持ってもらうことです。電話では直接セールスは行いません。来店の約束＝アポイントメントを取ることを目的とします。

## ②顧客満足度を高める

### ▼顧客情報を収集する

顧客属性や取引情報などを収集することで、お客様のニーズを把握し、適切な商品やサービスを提案することができます。お客様のライフイベントや資金需要の変化など、最新の情報に常に気を配ることが重要です。

### ▼ニーズに合わせた提案

お客様のニーズに合わせて、定期預金、ローン、保険、投資信託など、さまざまな金融商品を提案します。例えば、お客様のライフステージに合わせて、住宅ローン、教育ローン、老後資金準備などの提案を行うことが考えられます。

### ▼メインバンク化

お客様との取引を拡大し、メインバンクとして選ばれるよう努めましょう。そのためには、お客様にとってのメリットを明確に伝え、信頼関係を築くことが重要です。

### ▼お客様の期待を超える

お客様は金融機関に対して、正確・迅速・丁寧な事務処理、明るく元気なあいさつ、わかりやすい説明、親しみやすい態度、清潔感のある身だしなみなどを期待しています。お客様の期待に応えるのは当たり前だと心得ましょう。期待を超えるサービスを提供して初めて、顧客満足度を高めることができます。

### ▼付加価値を提供

お客様に選ばれるためには、商品やサービスだけでなく、相談しやすい雰囲気作りや情報提供など、他の金融機関との差別化を図る必要があります。お客様の立場に立って親身に相談に乗るなど、付加価値を提供することで、顧客満足度を高め、長期的な信頼関係を築くことができます。

18

朝礼のスピーチ

# 言語情報、聴覚情報、視覚情報を一致させる

朝礼のスピーチは、職場の仲間に対して行うものです。時間は、1～3分以内を目安に行います。

スピーチを通して、自分自身の「人となり」が伝わるようにします。一緒に仕事をする仲間として受け入れてもらえる話し方をし、聞きたいと思ってもらえる内容を構築します。以下、話し方のコツとストーリー構成に分けて解説します。

## ①話し方のコツ

英語では、「It,s not what you say but how you say it.（伝え方がすべてだ。伝える内容じゃない）」と言われるほど、話し方が重要視されています。

どんなに素晴らしい内容であっても、声が小さく聞き取りにくければ、聞き手は聞くことをあきらめてしまいます。

そこでポイントとなるのは、非言語情報を一致させることです。

**▼Verbal（言語情報）…使う言葉や文章の内容。**

**▼Vocal（聴覚情報）…声のトーン、テンポ、強弱などの話し方。**

**▼Visual（視覚情報）…ジェスチャーや表情、視線などの視覚的な要素。**

これら3つの要素を一致させます。例えば、「情熱を持って取り組んできました」という文章なら、力強く、しっかりと前を見据えて、明るい表情で、元気に声を出します。

**②ストーリー構成**

どんな内容を話すと、聞き手は飽きずに興味を持って聞いてくれるでしょうか。次の6項目のようなエピソードやテーマに着目すると、聞き手の共感を得やすくなります。

**▼開発秘話**

どのように製品やサービスを開発したのか、その裏話を語る。

**▼苦労した点**

直面した困難やそれをどう乗り越えたかを共有する。

▼歴史（長い時間）
長い年月をかけて築いてきたものやその過程を伝える。
▼こだわりの素材
使用している素材やその選び方に対するこだわりを話す。
▼あの人に教えたい！
特定の人に教えたくなるようなエピソードや情報をシェアする。
▼大切な人に伝えたい！
大切な人に知ってほしい、伝えたいという思いを込めて話す。

朝礼のスピーチで緊張してしまう人は、事前に内容を準備し、練習します。多少の緊張感は、良いスピーチを行うためには必要です。ところが、舞いあがってしまう、頭が真っ白になる、という状況は、練習やリハーサルを行っていないために起こります。私たちは、何度も繰り返し練習するからこそ、本番で同じことができるようになります。

アナウンサーやプロは、必ずリハーサルを行っています。練習でうまくできないものは、本番でもうまくいきません。自分自身のスキルアップのチャンスと捉え、ぜひ練習を行ってから臨んでください。

19

朝礼の司会進行

# スムーズな進行とタイムキープが大事

朝礼は職員が一堂に会する貴重な機会となります。組織全体の士気を高め、共通認識を確認する場として活用されています。

そこで、司会者の主な役割は、スムーズな進行とタイムキープです。式次第に則り、誰が何の発言をする時間なのかを明瞭に話します。一番遠くにいる人まで声が届く、全体に聞こえる声の大きさで発声します。

朝礼の司会進行の事例をご紹介します。

## ◉朝礼の式次第

**①朝礼開会**

「おはようございます。ただいまから朝礼を行います。本日の司会は〇〇（フルネーム）です。どうぞよろしくお願いいたします」

**②ラジオ体操**

「それではラジオ体操を行います。しっかり動けるスペースを確保してください」

**③クレド※企業理念の唱和**

「ありがとうございました。続きまして、クレドの唱和を行います。〇〇さんのあとに続いて、元気な声でご唱和をお願いいたします」

※クレド（Credo）とは、「信条」「志」「約束」を意味するラテン語で、「企業の経営理念を全従業員が体現するための行動指針」として用いられる。

**④今日の予定を報告（全員）**

「〇〇さんありがとうございました。ここからは、本日のスケジュールを共有していただきます。〇〇さんから順番にお願いいたします」

**⑤来店予定を確認**

「みなさま、ご協力ありがとうございます。続きまして、来店予定の確認を行います。本日アポイントメントがある方、挙手をお願いいたします」

「それでは、○○さんより順番に発表していただきます」

「本日のお約束のあるお客様は、3件です。10時、11時、13時から応接室を使用します。11時～の○○様が早くお見えになるかもしれません。その場合、いったん相談スペースにて対応をお願いいたします」

**⑥メンバースピーチ（その日の担当者1名）**

「それでは、メンバースピーチを行っていただきます。本日は○○さんにお願いします。どうぞ拍手でお迎えください」

「○○さん、ありがとうございました！　○○さんのいつも前向きな姿勢は、学生時代の部活動で養われてきたことがよくわかるエピソードでした。（ひとこと感想を入れる）ありがとうございました」

**⑦その他連絡事項**

「そのほか、連絡事項がある方は、挙手をお願いいたします。それでは、○○さんお願いいたします」

「○○さん、ありがとうございます。ただいまの連絡のとおり、締切は、今週木曜日17時です。時間厳守でお願いいたします」

**⑧支店長より**

「最後に〇〇支店長よりお言葉をいただきます。〇〇支店長、よろしくお願いいたします」

**⑨朝礼閉会**

「〇〇支店長、ありがとうございました。以上を持ちまして、本日の朝礼を終了とさせていただきます。ご協力いただきまして、ありがとうございました。それではみなさま、本日もよろしくお願いいたします！」

司会者は、スムーズな進行を行ううえで、誰よりも全体を把握している必要があります。大切なことは、繰り返しアナウンスし、全員が聞き逃しがないように努めます。また、各パートの発表者が話しやすい雰囲気を作るのも、司会者の役割です。そのためには、メンバー全員に協力してもらえるよう、日頃から円滑なコミュニケーションを心がけましょう。

20

会議の司会進行

# 準備、環境、議論の可視化、目的の明確化などが大事

会議のファシリテーターは、参加者全員が積極的に意見を出し合い、結論や決定事項まで辿り着くよう、会議の進行を支援する役割を担っています。この点が、司会者と異なる点です。そこで、ファシリテーターは、内容をよく知っている専門家である必要がありまナ。自分が担当する会議の最終結論を出し、担当者が次の行動に移せるように導いていきます。

## ◉効果的な会議のファシリテーションのポイント

効果的な会議運営のポイントは、以下のとおりです。

**①事前準備**

会議のテーマや目的を事前に参加者に伝え、事前に意見やアイデアをまとめてもらう。

アジェンダや資料を共有し、会議の開始前に読み込んでもらう。

**②ムダな会議をなくす**

**《悪い事例×》**

▼資料をそのまま読み上げる。

▼発言しない人がいる。

**《良い事例〇》**

▼参加者全員が事前に資料を読み込んでいる。

▼全員が発言する。

**③会議の目的を明確にする**

会議の目的（ゴール）を全員が共有し、共通認識を持つ。

「本日は、お忙しい中お集まりいただきまして、ありがとうございます。本日のファシリテーターを務めます〇〇（フルネーム）でございます。どうぞよろしくお願いいたします」

「みなさまには、事前に資料を読み込んでいただきました。そのうえで、本日のゴールイメージは、〇〇を決定し、考えられる問題点の抽出および対応策を検討することです。時間は、50分間です。みなさまのご協力をお願いいたします」

**④時間配分**

最初に、全体の時間とそれぞれの時間配分を告知する。

議題が多いときなどは、スケジュールをホワイトボードに書き出すなど、工夫する。参加者に時間を意識してもらう。

**⑤議論に集中できる環境**

〔良い○〕参加者がリラックスして発言できる。

〔悪い×〕発言者の意見を否定する。聞き手が話し手の話の腰を折る。

**⑥参加者全員の意見を引き出す**

〔良い○〕全員が発言する。

〔悪い×〕特定の人だけが発言する。

発言が少ない人に対しては、指名して発言を促します。

「〇〇という意見が出ましたが、〇〇さんは～という観点から、どのような意見をお持ちですか？」

「懸念事項として、～が挙げられましたが、〇〇さん、専門家として対策があればぜひ教えてください」

話が長い人や言いたいことがわかりにくい人の話は要約し、確認します。

「〇〇さんがおっしゃったことは、大きく分けると3点で、～、～、～ということでよろしいでしょうか？」

**⑦議論の可視化**

ホワイトボードやプロジェクターなどを活用し、メモを取る。議論の内容を可視化する。

**⑧結論を明確にする**

会議の最後に、決定事項や今後のアクションプランなどを明確にまとめる。

誰が何を行うのか、すぐに動き出せるようにする。

**⑨議事録を共有をする**

「本日の決定事項の確認をします。〇〇の新規プロジェクトは、A案で進めて行くこととなりました。主要担当者は〇〇さん、〇〇さんで、リーダーは〇〇さんです。スケジュールは、こちらのとおりです。まずは～からスタートします。みなさまのご協力をお願いいいたします。なお、本日の議事録はメールにて送信いたします。後ほどご確認のうえ、部内での共有伝達をお願いいいたします」

「以上を持ちまして、本日の会議を終了いたします。積極的な発言、助言をありがとうございました」

これらのポイントを踏まえ、会議のファシリテーションを行うことで、ムダな会議をなくすことができます。参加者全員の合意形成を図り、実りある会議を行いましょう。

# 第2章
# 話し方の第一印象をととのえる

21

「見る」が声かけの第一歩

# 声かけは相手を見て話しかけるのが基本

お客様との距離感をつかむには、相手を見て話しかけることが重要です。

例えば、話しかけるのが10メートル先のお客様と1メートル先のお客様では、必要な声の大きさが異なります。相手の目を見て話すことで、適切な声のボリュームを判断することができます。

ゴルフのパターの練習方法で、ボールを手で投げてみるというやり方があります。距離感をつかむには、パターを使うより手の感覚のほうが再現しやすいということですね。

同じように、声のボリュームのコントロールも、目で見ることから始まります。お客様との物理的な距離に応じた適切な声の大きさで話しかけましょう。お客様を見ずに大きな声を出しても、誰に話しかけているのかがわからず、ただうるさいだけになってしまいます。

**【練習方法】**

シリコンボールなどを活用し、ボールを投げながら、相手にあいさつなどの声かけをします。

**▼声が小さい人**…相手までボールが届かない。

**▼声が大きい人**…相手の取りやすいところにボールが落ちない。強すぎる。

必ず、お客様のほうを見てから声を出しましょう。

声が大きすぎる改善方法

YouTube 動画

22

お客様に届く声の出し方

# 目を合わせる、名前を呼ぶが話し方の基本

「お客様に届く」とは、お客様が、自分に対して声をかけられていると実感できている状態のことです。複数人いるような場所ですと、誰に話しかけているのかわからないことも多々あります。

では、どのようにしたら、お客様は自分への声かけだと認識できるでしょうか。人が、確実に自分に話しているなと実感するのは、次のふたつのシーンです。

▼目が合ったとき

▼名前を呼ばれたとき

金融機関の窓口では、受付番号を受け取り、番号で呼ばれることが多いものです。受付

番号は、その都度変わるものですから、手に番号札を持っていたとしても、忘れてしまうお客様もいらっしゃいます。

人は、何かに集中していると、他のことに気がつかないこともあります。悩み事や気がかりなことがあるときも、集中力がなくなります。

また、言葉を聞き取りにくいお客様には、配慮も必要です。この場合には、なるべく近づいて声をかけることや、肩を叩く、メモを見てもらうなど、お客様にとってわかりやすい合図を出すことも念頭におきましょう。

聞き取りにくい言葉には、次のようなものがあります。

高齢者に多い「加齢性難聴」では、小さい声や大きすぎる声、早口の言葉、カ行・サ行・タ行・パ行の音などが聞き取りにくくなります。

子音が聞き取りづらい言葉も伝わりにくくなります。例えば、「いちじ」と「しちじ」は聞き間違いが多いので、「しちじ」を「ななじ」と言い換えるなどの方法があります。同音異義語も聞き取りにくい言葉です。

23

お客様を惹きつける声のトーン

# 〝いらっしゃいませ〟をワントーン上げて発してみよう

同じ言葉を使っていても、話し方によってトゲがあるように聞こえる人がいます。逆に、ズバッと本音を言っているにもかかわらず、なぜか柔らかく聞こえる人もいます。この違いは、なんでしょうか？　それは「声のトーン（音程）」に関係があります。

人は、楽しいときには普段よりも自然と声が高くなり、反対に、辛いときや嫌なことを話すときには、声が低くなります。そのため、私たちは相手の声のトーンが高いと、会話の内容にかかわらず、「楽しそうだ」と感じます。

この心理を接客の場面でも積極的に使っていきましょう。とくに入店時のあいさつが楽しそうだと、支店の雰囲気そのものが明るく感じられます。

「いらっしゃいませ」と声かけするときには、普段話している地声より、ワントーン高い音を意識すること。音階でいうと、ド・レ・ミ・ファ・ソの「ソ」の音をイメージするのがおすすめです。

実際に「ソ」の音をイメージして、「いらっしゃいませ！」と声を出してみましょう。普段よりも高い声になりましたよね。

その声が、あなたの「楽しそうな声」です。実は、ド・レ・ミ・ファまでの音は、意識しなくても簡単に出せます。しかし「ソ」の高さになると、声のトーンを上げることに意識を向けないと、うまく出すことができません。この意識を向ける感覚が声にハリを与えます。

また、ソの音を出そうとすると口角が自然と上がります。ソの音で話しかける気持ちでお客様に向き合うと、表情も自然と笑顔になり、より明るい印象を与えることができます。

## 24

声のトレーニング

# 笑顔で口角を上げれば声は格段に良くなる

「ソ」の音であいさつをするのが効果的だとわかっても、実際の接客中に「ソ」の音を意識し続けるのは難しいかもしれません。

そこで、簡単に声の高さを上げるコツをお教えします。

話すときに口角を上げること。たったこれだけです。

声のトーンを上げると自然と笑顔になると言いましたが、逆もまたしかり。笑顔で話すと声のトーンが自然に上がります。

気をつけなければいけないのは、普段から笑う習慣がない方。

特に40歳を超えてくると、重力によって顔の筋肉が徐々に衰えて下がってきてしまいます。恐ろしいことに、口角を上げようと思っても、なかなか上がらなくなってしまいます。

口角を下げたまま話すと、口が開きにくく、滑舌も悪くなります。滑舌が悪くなると、聞き間違えられやすくなります。「声のトーン」が低いと、雰囲気も暗くなります。

鏡を見て、口角が下がっている方や、口がへの字になっている方は要注意！です。今すぐ、表情筋を動かすトレーニングをして筋肉を柔らかくし、口角を上げやすい顔を手に入れましょう。口角を上げたまま話せるようになると、「声のトーン」も明るくなります。

もっとも効果的なトレーニングは、顔の前に鏡をずっと置いておくことです。家で食事をするとき、テレビを見るとき、パソコンを触っているときなど、いつでもそばに鏡を置いて、自分の顔が目に入るようにしてみてください。

普段から口角が下がっている方は、自分で口角が下がっていることに気がついていません。まずは、自分で気づくことが大切です。

鏡をそばに置き、口角が下がっていることに気づいたら、その都度口角を上げることをします。たくさん上げなくても大丈夫。口を閉じたときに、口端が並行よりも上に上げます。

口角を上げたくても、上げられなくなってしまっている方は、表情筋を鍛えるトレーニングを並行して行います。手順は次のとおりです。

▽顔のパーツすべてを、外側に思いっきり離すように目も口も大きく開きます。びっくりしたときの表情です。

▽顔のパーツを中心に寄せるイメージで、ぎゅーっと目と口を閉じます。すっぱいものを食べたときの表情です。

このふたつの表情を交互にくり返します。毎日やると、筋肉が柔らかくなり、動きやすくなってきます。

表情筋が衰えている人は、無表情になりやすく、驚いたときもあまり顔が動きませんから、できるかぎり大げさに、自分が動かせる最大限まで、大きく動かす意識で行うことが大切です。

筆者は、家の中にいるときだけではなく、車や新幹線の中など、移動中もこっそりトレーニングを行っています。回数が多いほど効果がありますから、ぜひ習慣づけてみてくださいね。

25

好感度を上げる話し方

# 正しい敬語と笑顔で好感度がアップする

好感度を上げるためには、大前提として、社会人としてのビジネスマナーを身につけることが重要です。

特に、商品やサービス自体に競合他社と大差がない場合、お客様は担当者の人柄など、好き嫌いの感情で取引先を決める傾向があります。

具体的に、どのようにしたら好感度を上げる話し方ができるのか、ポイントを５つに絞ってお伝えします。

## ①正しい敬語を使う

お客様を対等に扱う話し方はもってのほかですが、間違った敬語もお客様によっては失礼だと感じる場合もあるため注意が必要です。

ビジネスシーンでよく使われる敬語はしっかりと覚えて、正しく使うようにしましょう。

また、親しみやすさを出すために、お客様の名前を呼ぶ際には、必ず「様」付けで呼び、敬意を表しましょう。

## ②お客様の目を見て話す

お客様と目を合わせる回数を意識して増やしましょう。ずっと相手の目を見て話すのではなく、3秒視線が合ったら、いったん視線を外します。そして、また目を合わせます。このように、目が合う回数を増やすことにフォーカスします。

注意点としては、視線を外すことなく、見続けてしまうことです。理由としては、7秒以上じーっと視線を合わせると、あらぬ誤解をされる場合もあります。また、威圧感を感じる方もいらっしゃいます。

目を合わせるのが苦手な方は、相手の眉間を見ましょう。鼻を見ると視線がずれますので、眉間がおすすめです。

## ③笑顔で話す

ニコニコしている人は、それだけで「感じが良さそう」「話しかけやすそう」と思ってもらえるものです。笑顔で話すと、明るくハキハキとした声のトーンになり、お客様に良い印象を与えることができます。口角を上げると、自然と声のトーンも上がり、相手に好印象を与えやすいためです。

緊張して笑顔が引きつってしまうという方は、少し練習が必要ですね。大丈夫です。面白いことがあったら、私たちは自然と笑います。できないわけではないんです。鏡の前に立ったら、笑顔を確認しましょう。

しかも、いつでも笑顔でいられるという習慣を取り入れれば、自分の気持ちもコントロールしやすくなるというメリットもあります。

## ④否定的な言葉を使わない

「でも」「いや…」など、否定的な言葉から話し始めると、ネガティブな印象を与えてしまいます。特に、お客様が自虐的な発言をされたり、サービス内容について誤解をしている場合などは、否定するのではなく、柔らかく訂正する言い方を心がけましょう。

話し始めるときは、「はい!」という返事や、爽やかなあいさつから始めたいものです。

## ⑤緩急強弱高低間

同じ文章や表現方法でも、どこを強調するかによって、伝わり方が変わります。

その強調するテクニックとして、緩急をつけたり、強く言ったり弱く言ったりします。また高音なのか低音なのかでも、ニュアンスが変わります。

そして何よりも大切なのが「間」です。大事な言葉の前に、しっかりと間をとることで、次に来る言葉が引き立ちます。

私たちは、多くのお客様と接します。お客様の話すスピードは、その方が最も理解しやすいスピードです。

相手のスピードに合わせて、同じスピードで話すと、相手にもストレスを与えません。忙しい経営者は、わりと早いスピードで話されることでしょう。お年を重ねた方は、耳が遠くなっているとゆっくりお話しされます。相手のスピードに合わせることを念頭におくと、好感度が上がります。

# 26

「また会いたい」につながる一言

# 話を聞いてくれる人に安心感と満足感を得る

またあなたに会いたいと思ってもらえる、究極の一言は、これです。

「またぜひ、お話をお聞かせください」

人は自分の話を聞いてくれる人を自分の理解者だと感じ、安心感と満足感を得るものです。だから、自分の「話を聞いてくれる」相手を好きになります。

また、お客様は、自分がたくさん話をすると、しっかり対応してもらえたと思います。

ですから「また会いたい」と思わせるには、相手に話をさせてあげることが効果的です。

相手の話に興味を持ったことを伝えるとともに、こちらの「また会いたい」という気持ちも表現します。

27

声かけの致命的なミス

# 買うか買わないか確認なしに前には進まない

商品やサービスは、「良い商品」だからといって売れるわけではありません。金融機関に限らず、どのような商品でも売るために工夫します。それがマーケティングです。

お客様にとって、良い商品であることは当たり前で、そのうえで売るためのさまざまな戦略を立てる必要があります。

本来なら、お客様が「欲しい」という商品を作って提供するのが、営業にとって一番ラクなセールスです。ところが、お客様自身も、どんな商品が欲しいのか、わからなかったり、ぼんやりしていたりするものです。

たとえお客様の要望から生まれた商品やサービスであっても、売れないこともあります。なぜでしょうか？

お客様が買わない理由は、3つあります。

**▼商品の存在を知らない**

**▼商品が魅力的ではない**

**▼商品の評判が良くない**

まずは、この3つの理由をクリアしなければなりません。

新商品や新サービスは次々とリリースされます。商品が出たことに気がついてもらう工夫が必要です。

次に、その商品でお客様の悩みが解消されるなどのイメージを持ってもらいます。

そのうえで、お客様は、自分と属性が似ている他のお客様の口コミなどの評判を確認したくなるものです。

とにかく、人は失敗したくない生き物です。

お客様は「もっと良いものはないか？」「もっと自分に合っているものはないか？」と常に思っているものです。

もはや、私たちは日頃から何かを購入するときには、レビューを見るのが当たり前になりました。

どのような商品やサービスであれ、口コミやお客様の声が重要なセールスポイントとなっています。

上記3点の要素を解決したうえで、それでも売れない場合には、理由が明確にあります。それが「売れない人がやってしまっている致命的なミス」です。

良かれと思って、余計なことをしてしまっていると、売れる商品も売れなくなってしまいます。

では、どのようなミスをしてしまっているのでしょうか。

▼丁寧な商品説明をする
▼買うか買わないか聞かない
▼お客様の質問にすぐに答えようとする

これが売れない営業担当者がやってしまっている三大失態です。

丁寧な商品説明ってしちゃいけないの？　お客様の質問に答えたらいけないの？　とびっくりされた方もいるかもしれません。一つずつ解説をします。

なぜ、お客様に丁寧な商品説明をしてはいけないのか？　それは、お客様が話す時間を奪ってしまうからです。

売れる営業担当者は、お客様が話す時間を多くします。目安としては、８対２程度の割合です。

セールスという場面では、商品説明ではなく、お客様の話を聞くことを徹底しましょう。話題は、商品ではなく、お客様です。

お客様の悩みや、お客様が思い描いている将来や未来、ライフステージではどのようなイベントがあるのかなどです。この商品やサービスを導入すると、どういう変化が期待できるのかなど、目の前のお客様からお話ししてもらうように質問しないといけないのです。

ですから、お客様の話を聞く前に、商品説明をしていると、売れないわけです。

では、商品説明は、いつ行ったらよいのでしょうか。それは、お客様が購入することを決めたあとに行うのが、正しいタイミングです。

次に、買うか買わないか、是非聞いてください。

買う気がない方には、いくら商品説明をしても、どんなに良い商品だろうと売れません。

お客様に、担当者が「買いますか？　買いませんか？」と聞かないと、お客様はいつまで経ってもはっきりしないものです。人の特性として、はっきりしたくないものだからです。

そこで、意思表示を確認するために、おうかがいするわけです。

もちろん、ダイレクトに「買いますか？　買いませんか？」と聞くことはまずないでしょう。

言い回しとしては、

「ご購入の意思はございますか？」

「ご購入されるとしたら、いつくらいのご予定ですか？」

「ご購入を検討されていらっしゃいますか？」

などとおうかがいします。

買うつもりがある方に対し、商品説明をきっちりと行います。

それまでは、テストクロージングなどを重ね、商品説明を行ってもよいお客様かどうかを判断する時間です。

「ご購入されるようでしたら、購入の際の注意事項がございますので、今から商品説明を行わせていただきますが、お時間はよろしいでしょうか？」

と、今から商品説明を行うことを明確に伝えてから、商品説明に入ります。

買わないお客様に長々と商品説明をするのは、お客様の時間を奪う行為です。また、仕事しているフリをしている状態です。

買わないお客様は、商品をまだ欲しいと思っていない、必要と感じていないわけです。ですから、必要な商品だとお客様自身に気がついてもらうまでは、情報提供などを行い、継続的に思い出していただけるようご連絡を差し上げます。買わなかったお客様が、いつでも戻って来れるように受け入れ態勢を整えておきます。

買わないことがわかった時点で、切り替えることが大切です。

そして、お客様の質問にすぐ答えてはいけない理由を知っておきましょう。

金融機関にお勤めの方は、とても真面目でサービス精神旺盛です。ですから、お客様の質問にすぐに答えたくなるものです。

お客様の質問に答えるまでに、やるべきことがあります。

それは、なぜお客様は、今、この質問したいのか？　を逆に聞くことです。

なぜ、質問にすぐに答えず、質問返しのように、まどろっこしいことをするのか？　その理由は、お客様がその質問をした背景を考えてほしいからです。聞くことによって、お客様自身が、「自分はどうしてこの質問をしたのだろう。なぜ知りたくなったのだろう？」と考え始めます。そして、自分の気持ちを確定させていきます。

営業担当者としては、お客様の背中を押してあげられるようなポイントを押さえる必要があります。お客様に、商品やサービスの価値を理解してもらうために、ひとつずつ段階を踏んでいきます。

お客様はどのタイミングで、購入すると心に決めるのか。相手のことを考えながら、営業活動を行いたいものです。

購入されたお客様には、その理由とともに、「いつ決められましたか？」「どのタイミングで決心されましたか？」と質問してみるのもいいでしょう。

28

職場の雰囲気を良くする話し方

# “いってらっしゃい”“いつもありがとう”“さすがですね”の一言が大事

人が「雰囲気が悪い」と感じる要素は、視覚的、聴覚的、触覚的、嗅覚的な側面といった多角的な要因が関係しています。私たちは五感を通じて、察する能力が備わっています。当然、雰囲気が悪いと感じたら、その場に居たいとは思いません。

そして、雰囲気が良いと思う支店では「おもてなしの精神」が感じられることが多く、細かい部分にまで気配りが行き届いています。

清潔感や統一感などの視覚的要素は、決められたとおりに行うことで、同じクオリティを出しやすいものです。一方、「話し声」などの聴覚的要素は、良くも悪くも属人性があり、それぞれの特徴が出やすいところです。

では、どのような話し方が、支店の雰囲気を良くするでしょうか。

【トーク例】

▼笑顔で「お疲れ様です」「いってらっしゃい」など労いの言葉で、職員同士が自然なあいさつができている

▼温かみのある落ち着いた声のトーンでコミュニケーションが行われている

▼「〜をお願いしたいのだけれど、今お時間はお取りいただけますか？」「何かお手伝いすることはありますか？」など、相手を気遣う言葉が添えられている

▼「いつもありがとう」「助かります」など、感謝の気持ちを言葉にしている

▼「さすがですね」「おめでとうございます」など、メンバーを認め敬意を表している

反対に、大きすぎる声や、怒鳴り声などは、周囲に威圧感を与え、雰囲気を悪くしてしまいます。また、声をあげての笑い声は、下品に聞こえることもあります。気をつけましょう。

# 29 言語化でメンバーが一丸に 理念の言語化&共有がメンバーの結束を高める

職員の行動や発言は、企業理念やイメージと一致していることが重要です。職員が企業理念を理解し共感することで、初めて一貫性のある行動、発言、そして良い雰囲気を作り出すことができます。

そのためには、理念（ビジョン）やミッションを伝え続ける工夫が必要です。

まずは、理念（ビジョン）とミッションの違いを確認しましょう。

理念（ビジョン）とは、組織が将来的に達成したい理想的な状態や長期的な目標を示します。組織の存在意義や長期的な方向性を描いたものとなります。

ミッションとは、組織が日々の活動を通じて達成しようとする具体的な目的や使命のことです。組織の現在の活動やサービスがどのように理念に貢献しているかを言葉で説明します。

理念やミッションが浸透すると、メンバーの行動指針も明確になっていきます。自分がどのような行動を取ればいいのか、どのような判断を行うべきか、迷うことがなくなります。理念やミッションに添った行動を主体的に行うことができるようになります。

また、自分の仕事がどのように会社や社会に貢献しているのかを理解することで、仕事に対するモチベーションの向上にもつながります。

採用活動の際にも、共感してくれる人材を集められますし、お客様の創造やファン獲得の一助となります。

「理念（ビジョン）」を共有し、メンバー全員が同じ方向を向いて働くことのメリットは計り知れません。行動指針はお客様対応や声のかけ方にも体現されることでしょう。各々の仕事を通じて、自己成長や社会貢献できることを体感できるよう、理念（ビジョン）やミッションは伝え続けましょう。

# 第3章
# 目上のお客様との話し方

30

声のトーンをお客様に合わせる

# お客様の声のトーンに合わせると安心感を与えることができる

お客様に合わせた声のトーンで接客するには、まずお客様をよく観察し、状況を把握することが大切です。例えば、物静かで落ち着いた様子のお客様に大きな声で話しかけると、びっくりさせてしまいます。賑やかな明るいお客様には、トーンを上げてハキハキと話しかけます。お客様の状態や状況に合わせて、声のトーンを調整しましょう。

【トーク例】

▼お客様がリラックスしている場合

声のトーンを少し落とし、落ち着いた物腰で話しかけます。

「○○様、お待たせいたしました」

▼お客様が楽しそうな場合

明るい声で話しかけます。

「いらっしゃいませ。いつもありがとうございます」

▼お客様が困っている様子の場合

相手の気持ちに寄り添うように優しい口調で話しかけます。例えば、お客様がお困りのときに事務的な口調で話しかけると、冷たく感じさせてしまいますので注意しましょう。

「何かお手伝いできることはございますか?」

▼お客様が怒っている場合

相手の言葉に耳を傾け、落ち着いて話せるように、穏やかに話しかけます。例えば、お客様が怒っているときに強い口調で話すと、火に油を注ぐ結果になりかねません。

「○○様のお気持ちをお聞かせいただいてありがとうございます」

状況に合わせた声のトーンで応対することで、お客様に「この人は自分のことを理解してくれている」と安心感を与えることができます。

ただし、声のトーンはあくまでひとつの要素に過ぎません。言葉遣いや表情など、非言語情報と言語が一致する態度で接しましょう。

31

居心地が良くなる声かけ

# あいさつ、声かけ、雰囲気作り、感謝の気持ちが大事

お客様に「居心地が良い」と感じていただくためには、お客様がリラックスして過ごせる空間作りが重要です。そのためには、次の4つを意識した声かけを心がけましょう。

**▼お客様一人ひとりに届くあいさつをする**

お客様が、自分に対してのあいさつだと認識できるような声かけをしたいものです。

自分が来店したことに、気づいてもらえているな、と感じられれば、待ち時間があったとしても、待っていられるものです。自分の存在に気がついていないのではないか、とお客様が思ってしまうと不安になります。

**▼お客様の様子をよく観察し、状況に合わせた声かけをする**

お客様はそれぞれ、来店した目的が異なります。緊急の方もいらっしゃれば、じっくり相談したい方もいらっしゃいます。お客様とお話しする前から察してあげられるように、心の準備をしておきましょう。

### ▼お客様が話しかけやすい雰囲気を作る

わからないことがあれば、いつでも質問できる雰囲気を作っておくことも重要です。話しかけやすい人、話しかけにくい人がいます。もし、過去に一度も道を尋ねられた経験がないという方は、もしかしたら「私に話しかけないで」という見えない壁を作ってしまっている可能性があります。

見た目で判断されることもあります。眉間にシワが寄っているなど、機嫌が悪そうに見えると、話しかけにくいものです。穏やかな表情で、心に余裕を持ちましょう。

### ▼お客様への感謝の気持ちを伝える

お客様が来店されたときだけでなく、お帰りになる際にも「ご来店ありがとうございました」と、感謝の気持ちを込めて見送りましょう。その際、お客様との会話の中で得られた情報から「〇〇イベントのご成功をお祈りしております」など、気の利いた一言を添えられると、お客様の心に残る応対となります。

32

お客様に好かれるための習慣

# マナー、コミュニケーション、誠実な対応が好かれる条件

無形のサービスや高単価な商品では、購入時に重要視される要素として、「誰から買うか」が挙げられます。ですから、お客様に「この担当者からなら買いたい」と思ってもらえないと、売上は上がりません。

それでは、お客様に好かれる営業担当者とは、どのような人でしょうか。

**▼ビジネスマナーが身についている**

担当者の人間性や誠実さを見ているお客様は多いものです。身だしなみや言葉遣い、あいさつ、名刺交換、部屋への案内、お茶の出し入れ、会話の進め方など、あらゆる場面で失礼のない丁寧な対応を心がけましょう。

▼お客様の立場になって考える

お客様の状況や気持ちを理解し、ニーズに合った提案をすることが重要です。

例えば、お客様が忙しい場合には、長々と説明するのではなく、要点をまとめて簡潔に伝えたり、後日改めて説明する機会を設けるなどの配慮が必要です。

▼お客様とのコミュニケーションを大切にする

日頃からお客様と積極的にコミュニケーションをはかり、信頼関係を築くことが大切です。雑談などを通して、お客様の趣味や家族構成、ライフイベントなどを把握することで、お客様に合わせた話題を提供することができます。

▼わかりやすい説明をする

専門用語を避け、お客様の知識レベルに合わせた説明を心がけます。パンフレットなどを活用しながら、視覚的にわかりやすく説明すると、お客様の理解を深めることができるでしょう。

▼お客様のお断りにも誠実に対応する

お客様に断られたら、その理由を丁寧に尋ねることが重要です。お客様のお断りには、何かしらの理由があるはずです。

例えば、お客様が「今は余裕がない」とおっしゃった場合、資金的な問題ではなく、時間的な問題かもしれません。お客様の真意を汲み取るためには、断りの言葉の裏にある本音に耳を傾けることが大切です。

金融機関の担当者は、単に商品やサービスを販売するのではなく、お客様のライフプランや夢の実現をサポートするパートナーです。お客様に寄り添い、長期的な視点に立った提案を行うことができてこそ、お客様に好かれ信頼されます。

職場で大切にされる人

YouTube 動画

# 33 一瞬で嫌われる言葉遣い
# 言葉遣いで不快にさせたり不安な気持ちにさせてしまう

言葉遣いを気にされる人は多いものです。とくに金融機関に求められるマナーやスキルは、他業種より厳しいものだと心得ましょう。

## ①敬語の誤用

「尊敬語」「謙譲語」「丁寧語」の使い分けを誤ると、相手に失礼な印象を与えてしまいます。目上の方やお客様に対しては、正しい敬語を使いたいものです。

▼誤った敬語

「部長、明日、会社に行かれますか？」（正しくは「いらっしゃいますか？」）

▼正しい敬語

「部長、明日、会社にいらっしゃいますか？」

## ②くだけ過ぎた表現

親しい間柄であっても、ビジネスシーンでは、相手に失礼な印象を与える可能性のある、くだけ過ぎた表現は避けるべきです。同僚との会話であっても、職場であることを念頭におきましょう。

▼不適切な言葉遣い

「お疲れっす」「アザース」「うん」

▼適切な言葉遣い

「お疲れ様でした」「ありがとうございます」「はい」

## ③ネガティブな言葉

ネガティブな言葉は、相手を不快にさせたり、不安な気持ちにさせてしまう可能性があります。ポジティブな言葉に言い換えて使いましょう。

▼お客様に不適切な言葉遣い

「それは無理です」「できません」「わかりません」

▼お客様に適切な言葉遣い

「申し訳ございませんが、対応いたしかねます。～させていただくことは可能でしょうか」

「確認いたします」

言葉遣いひとつで、相手に与える印象が大きく変わります。使っている言葉は、自分の心や人間性を表すものだと認識し、スキルアップをはかっていきましょう。

お客様に嫌われる
NG ワード

YouTube 動画

34

口下手でも盛り上がる雑談

# 情報のやり取りではなく気持ちのやり取りが重要

目上のお客様との雑談は緊張するものです。雑談はお客様との距離を縮め、信頼関係を築くための貴重な機会です。実は、「自分は、口下手だ」と思っている人こそ、チャンスです。ちょっとしたコツをつかめば、お客様との会話を楽しむことができるでしょう。

雑談力とは、自分が話すことではなく、相手の話を上手に聞く能力のことです。ですから、自分が話さなければならないと思うのは間違いで、相手の話を聞くスキルを身につけることが雑談力の鍵となります。

そして、雑談は単なる情報のやり取りではありません。どちらかというと、気持ちのやり取りです。相手の気持ちが盛り上がる質問をすることで、雑談も盛り上がります。

雑談力を身につけるには、相づちを打つこと、質問をすることです。相手が答えやすい質問をすることで、相手の話を引き出すことができます。

相手が答えやすい質問とは、相手が興味を持っていることです。そこで相手の会話の中に出てきた言葉を使って、質問をします。

**【トーク例】**

「新しく駅前にできたカフェ、パンケーキが美味しかったよ」

(◯)「美味しいパンケーキだったのですね! どのようなパンケーキでしたか?」

(△)「いつオープンしたのですか?」

(×)「私も先日行ってきました」

ビジネスの場面では、雑談を通して相手の要望や困りごとを把握し、適切な提案ができる人が仕事ができる人と評価されます。例えば、接待などの席での目的は、相手の好みを知ることにあり、雑談を通して相手の欲求を引き出すことが重要視されています。

ところが、単に情報を引き出そうとすると、雑談は盛り上がりません。相手の気持ちにフォーカスすると、気分が良くなった相手は、もっとあなたと話したいと思ってくれるようになります。気持ちのやり取りがあるからこそ、大切な話をしてくれるものなのです。

35

話題に困ったときの会話術

# ゴルフ、歌、家族、国、出身地、天気、スポーツ、友達を話題に

話題作りに苦労されている方は、どれくらいいらっしゃるでしょうか。ここでは簡単な話題作りのコツをご紹介します。

話題作りの鉄板として「合格テスト」と覚えてください。

ゴルフ、歌、家族、国・出身地、天気、スポーツ、友達の7つの話題です。

**①ゴルフ（ゴルフを代表とするレジャーやイベント）**

相手がゴルフ好きだったらもちろんゴルフの話題がベストです。営業担当者は相手にいつでも合わせられるように、最新のニュースをチェックするものです。会話のネタになるようにと、その時々のイベントやアクティビティを体験しに行く方もいらっしゃいます。

一度体験したものは、共通の話題として引っ張り出しやすくなります。知識を身につけるのと同じように、広く浅くでいいから体験しておくことも念頭に置いておきましょう。

**②歌（流行の歌や曲、懐かしい歌、贔屓のアーティスト、思い出の曲）**

好きなアーティストが同じだと、親近感がわくものです。またその時代毎の思い出の曲があります。20代前半の営業担当者が、接待のカラオケでお客様世代の往年の名曲を披露し、喜ばれている姿を何度も見てきました。そのような場面では、自分が生まれる前の知らない曲をよく覚えたなぁ、と感嘆しました。歌うのが得意な方にはオススメです。

**③家族（相手のお子さま、お孫さま、ペット）**

人は、自分の話を聞いてもらいたい生き物です。中でも、お孫さまやペットの話は、話したくてうずうずしている方は多いようです。次にお会いしたときに、お客様のご家族の誕生日や話した内容を覚えていると、とても喜ばれます。

**④国（郷土、出身地、地域、地元）**

今住んでいる地元の話というのは、何かと話題になりやすいものです。商店街や地域振興など、地元金融機関と密着しているサービス業の方も多くいらっしゃいます。地域の情報は積極的に得られるようにアンテナを張っておきましょう。

**⑤天気（季節、気候、旬）**

アナウンサーもお天気の話題から入ることが多々あります。「今日の天気」はその場にいる全員の共通項となりますし、イベント開催の有無だけでなく、農作物の出来や価格に影響を与えます。四季の移り変わりを感じたり、旬を味わうことができるのも日本の特徴のひとつです。天気は私たちの日々の生活に直結しています。

**⑥スポーツ（趣味、特技）**

スポーツはニュースとしても取り上げられやすい話題です。好きなスポーツや趣味など、相手の興味あることを話題にしたいものです。ご本人だけでなく、ご家族のスポーツ大会の応援もあるかもしれません。地元に強豪校や実業団チームがあると、一体感も生まれやすくなります。

**⑦友達（友人、知人）**

共通の友人や知人は、話題にしやすいものです。「最近、○○様にはお会いになりましたか?」など、お相手に質問を投げかけ、話のきっかけをつくります。ただし、人を話題にするときには、噂話やネガティブな話には乗らないことが重要なポイントです。

36

緊張の克服法

# 緊張したときに備えて切り返しトークを用意する

顔が赤くなってしまう人は、誰かに指摘されたことで、さらに真っ赤になってしまったという経験をしたことがある方が多いものです。赤面してしまう本人にとっては、大きな悩みです。ところが、周りの人はどのように思っているのでしょうか。

周りの人は、それほど気にしていません。むしろ、顔が赤くなってかわいいと思っている場合もあります。

人は、自分のことに最も興味を持っています。ですから、極端な話、自分以外の人の顔が赤かろうが青かろうが、どちらでも関係ないのです。たとえ指摘してきた相手でも、次に会ったときに覚えている人は、ほとんどいないでしょう。

ですから、顔が赤くなることを自分の特徴として受け入れ、対処することをオススメします。

顔が赤くなる症状を止めることは、なかなか難しいことです。自分は顔が赤くなるという前提で、はじめから準備したほうが仕事に身が入るというものです。

**【対処法】**

**▼ユーモアを交えて対応する**

**「緊張して、顔が赤くなっちゃいました」**

**「ウーロン茶で酔えるタイプなんです」**

**「会場の雰囲気に酔いました」**

事前に面白い回答を考えておくのも対策のひとつとなります。

筆者の友人に「酔ってしまいました。あなたに」と伝えていた強者もいました。「うまい！」と心の中で拍手を送ったものです。

**▼お化粧**

女性なら、ファンデーションやチークを工夫します。男性でも日焼け止めなどを使用されている方は増えてきています。日焼け止めの中には、肌の色を整えてくれるものもあり

インでもこれまで以上にお客様一人ひとりに寄り添ったアプローチが求められるようになりました。

## ▼ニーズに合致した商品やサービスの紹介

お客様の年齢や家族構成、ライフスタイルに合った商品やサービスを提案することで、お客様の購買意欲を高めることができます。

例えば、退職間近のお客様には老後資金の運用プラン、新婚のお客様には住宅ローン、子育て世代のお客様には学資保険など、タイミングよくご提案します。

## ▼お客様との距離を縮める話題提供

お客様の趣味や家族構成、最近の出来事などを話題にすることで、お客様との距離を縮め、親近感を与えることができます。共通の話題を見つけることができれば、お客様との会話も弾み、信頼関係を築きやすくなります。

## ▼お客様が話したくなるような質問

お客様の興味や関心に基づいた質問をすることで、お客様は喜んで話をしてくれるようになり、会話が盛り上がります。

例えば、ゴルフ好きのお客様には「最近ゴルフには行かれましたか?」、旅行好きのお客様には「今度のお休みのご予定は？」といった具合に、お客様に合わせた質問を投げかけます。

## ▼お客様に合わせた情報提供

お客様の知識レベルに合わせた情報提供をすることで、お客様の理解を深め、満足度を高めることができます。

例えば、金融商品に詳しいお客様には専門的な内容を交えながら、初めてのお客様には基本的なことから丁寧に説明するなど、お客様の状況に合わせて柔軟に対応することが大切です。

お客様の情報を把握し、それを踏まえた声かけをすることは、お客様に「自分のことを理解してくれている」「自分に合った提案をしてくれる」という安心感と信頼感を与えることにつながります。その結果、お客様との長期的な関係構築にも役立ちます。

ただし、お客様の情報を収集する際には、プライバシーに配慮することが重要です。また、得られた情報を適切に管理することも必要不可欠です。

# 38 結果が得られれば話してもらえる

## 好みを聞き出す方法

お客様の好みを引き出すためには、どのように声をかければよいでしょうか。3つのポイントに絞って解説します。

### ①メリットを伝える

お客様があなたとの会話を通してどんな利益を得られるのかを明確に示します。

「このサービスを導入すると、お客様の生活は○○になります」

「お客様の条件に合った土地が見つけやすくなります」

時間や費用を節約できる、より良い結果が得られるといったメリットを具体的に伝えます。お客様にとってのメリットを伝えることで、真剣に話を聞いてくれるようになり、自身の好みやニーズを積極的に話しやすくなります。

**②質問にそのまま答えず、質問の意図を探る**

お客様の質問の背景にある真の意図を理解することが重要です。

「○○についてお知りになりたいのですね。なぜ○○について知りたいと思われたのですか？」

お客様が本当に求めている情報を引き出す質問を心がけましょう。

例えば、お客様が投資信託のリスクについて質問してきた場合、リスク許容度を把握することで、お客様の投資目標やライフプランに最適な商品を提案することができます。

**③お客様自身に考えを整理する時間を与える**

お客様が自身の考えを整理し、納得して選択できるように、確認や念押しを交えながら会話を進めます。

「○○について、このようにお考えのようですが、よろしいでしょうか？」

「○○に関して、他に気になる点はございませんか？」

確認したり、念押しを挟むことで、お客様は自分の好みやニーズを再認識し、より深く考えることができます。

39

## 誕生日と家族構成の聞き出し方
# 目的を伝えれば教えてもらえる

お客様の誕生日や家族構成を尋ねることは、パーソナライズされたサービスを提供するうえで重要な情報収集になります。プライバシーに配慮しながら適切に聞き出す必要があります。

口座開設時などお申込みや契約をするときには、ご本人様の生年月日は確認できますが、普段の応対の中で上手におうかがいする方法も確認しておきましょう。

### ▼目的の説明

情報を尋ねる際には、その目的を明確に説明します。

例えば、「お客様により良いサービスを提供するため」や「お誕生日特典をご用意するため」などと伝えることで、お客様の理解を得やすくなります。

▼適切なタイミング

会話の流れの中で自然に質問できるタイミングを見計らいましょう。例えば、家族向けの商品やサービスについて話す際に、「お子様はいらっしゃいますか？」と尋ねるのが自然です。

◉具体的な質問例

▼誕生日

「お客様へお誕生日特典をご用意しております。よろしければ、お誕生日をお教えいただけますか？」

▼家族構成

「ご家族でご利用いただけるご優待券がございます。ご家族構成を教えていただけますか？」

▼フォームの活用

会員登録やアンケートフォームを利用して情報を収集するのも効果的です。この場合、任意回答にするなど、お客様の意思を尊重することが大切です。アンケートをフォームをお渡しする際に、一言添えてお願いします。

【トーク例】

「お客様のご希望に沿った情報をお届けするためのアンケートを行っております」

「こちらのアンケートにお答えいただいた方には、ＱＵＯカード１０００円分を差し上げます」

「アンケートの所要時間は約５分です」

▼プライバシーへの配慮

収集した個人情報の取扱いについて、明確なプライバシーポリシーを示し、必ず、お客様の同意を得ましょう。また、情報提供を断られた場合も、笑顔で丁寧に対応しましょう。アンケート用紙には、下記のような文言を記載します。

「ご回答いただいた内容は厳重に管理し、統計的な目的以外には使用しません」

▼フォローアップ

お客様の情報をもとに、パーソナライズされた情報を提供します。情報提供の価値をお客様に実感していただけます。誕生日月にはお祝いのメッセージを送りましょう。

これらの方法を適切に組み合わせることで、お客様の誕生日や家族構成を自然に、かつ失礼にならないように尋ねることができます。得られた情報を活用しながら、お客様一人ひとりに合わせたサービスを提供することで、顧客満足度の向上に結びつけることができます。



大人の質問力

YouTube 動画

40

リピートの増やし方

# 思い出しの回数が多いほど競争優位性が高まる

ご家族やご友人が共通の知人である場合、自然な会話の流れの中で近況を尋ねることも、私たちのことを思い出していただけるきっかけとなります。お客様に思い出していただける回数が多いほど、競争優位性を確保できます。話題となった共通の知人とお客様との間で、今度は自分や支店が話題にのぼるかもしれません。

**【トーク例】**

「○○様は、お元気でいらっしゃいますか？」

「先日、お嬢様が来店されたときに、旅行に出かけるとおっしゃっていました。無事にお戻りになりましたか？」

「〇〇様が商店街の夏祭りイベントのお話をされていました。今年も楽しみですね」

相手が話を始めやすいきっかけを作りましょう。

気をつけるべき点は、プライバシーに配慮し、深入りしすぎないことです。家族に関する話題は、非常にデリケートな問題を含む可能性があります。相手が詳細を語らない場合は、無理に聞き出そうとせず、他の話題に移行しましょう。

リピートの増やし方

YouTube 動画

41

紹介のもらい方

# 好意的になるタイミングで具体的に紹介依頼をする

お客様から紹介をいただくことは、新規顧客獲得の有効な手段であり、紹介営業は効率が良く、アポイントも比較的容易に取得できるというメリットがあります。

しかし、お客様の人間関係に配慮し、失礼のない対応を心がけることが重要です。

**①誠実な対応**

お客様の立場に立って考え、常に誠実な対応を心がけましょう。お客様の期待に応え続けることで、信頼関係はさらに強固なものとなります。お客様が、紹介した相手に喜んでもらえると思うからこそ、紹介していただけることを肝に銘じましょう。

## ②満足度が高いタイミング

お客様が商品やサービスに満足し、あなたに対して好意的な感情を抱いているタイミングを見計らって、紹介を依頼します。契約が成立したあとや、お客様から感謝の言葉をいただいたあとなどが適切です。

## ③具体的に伝える

誰に、どんな人を紹介して欲しいのかを具体的に伝えましょう。

「同じ学校や塾のお友達で、○○様のように、私立受験をお考えのご父兄の方はいらっしゃいますか？」

「○○様と同じように、新NISAに興味はあるけれど、何からはじめてよいのかわからないと、お悩みの方はいらっしゃいませんか？」

紹介してくださった方、紹介された方の両方にメリットがある提案を行います。また、紹介をいただいたあとは丁寧にお礼を伝えること、そして、プライバシーに配慮し、お客様の情報を適切に管理することが重要です。

## 42

ファンの増やし方

# 相手との共通点などの話でファンは増える

お客様にファンになってもらうために効果的な自己開示の方法を、以下の６つのポイントに絞って解説します。

**①共通点を見つける**

人は、相手との共通点を見つけることで、親近感がわき、相手に好意を抱きやすくなる傾向があります。あなたとお客様との共通点を見つけることで、お客様はあなたに親近感を持ち、あなたから商品を購入したいと感じるようになるでしょう。

**②出身地や趣味を伝える**

ニュースレターやダイレクトメールなどのお手紙に、担当者紹介コーナーを作り、出身地や趣味を記載します。ご覧になった方があなたに興味を持ち、話しかけてくれるきっかけになります。

### ③仕事への情熱を伝える

人は、仕事に情熱を持っている人に魅力を感じます。あなたの仕事に対する熱意が伝われば、お客様はあなたのファンになり、あなたから商品を購入したい、あなたを応援したいと感じるようになるでしょう。

### ④ストーリーを語る

あなたがなぜその仕事をしているのか（きっかけや理由）、その仕事にどんな想いを込めているのか（誇り・喜び）をお伝えします。

### ⑤人間味を伝える

人は、完璧すぎる人よりも、少し抜けているところや、弱い部分を持っている人に親しみやすさを感じます。あなたが完璧ではなく、人間味あふれる人物であることを伝えることで、お客様はあなたに共感し、あなたを応援したいと感じるようになるでしょう。

### ⑥失敗談を語る

失敗談を語ることは、お客様に親近感を与え、あなたのことをより身近に感じてもらう効果があります。ただし、自虐的になりすぎず、ユーモラスに語りましょう。

これらのポイントを踏まえ、適切な自己開示を行います。お客様に応援してもらえる担当者になりましょう。

周りの人を味方につける

YouTube 動画

43

お客様に嫌われるNGワード

# 〝おばあちゃん〟などの呼称がお客様を不快にさせてしまう

お客様に不快な思いをさせてしまう可能性のある、避けるべき言葉遣いの具体例をご紹介します。

**◉不適切な言葉遣いの具体例**

▼「奥さん」「お母さん」「お父さん」「おばあちゃん」「おじいちゃん」などの呼称

これらは、お客様の家族構成や状況を決めつけてしまう可能性があり、ハラスメントにあたるおそれがあります。特に、結婚していない人や子供がいない人に対してこれらの呼び方をすると、お客様に不快感を与えかねません。

接客業務における適切な呼び方は「お客様」です。お名前がわかる場合には、○○様とお名前でお呼びします。

お客様に対して不適切な呼び方をすることがハラスメントにあたる可能性が出てきますので、企業としても注意が必要となります。言葉ひとつで人間関係が損なわれる可能性があるため、言葉遣いには十分気をつける必要があります。

### ▼お客様からの質問や要望に対して、「検討します」「努力します」「頑張ります」といった曖昧な表現

曖昧な表現は、お客様に期待を抱かせながらも、最終的に期待を裏切ることになりかねません。

### ▼「無理です」「できません」といった断定的な表現

断定的な表現は、お客様の要望を拒否するだけでなく、お客様との関係性を悪化させる可能性もあります。お客様の要望に対しては、まずは、その場でできること、できないことを明確に伝え、「○○させていただきます」「△△いたします」といった、具体的な行動を提示することが大切です。できない場合は、代替案を提案するなど、お客様に寄り添った対応を心がけましょう。

44

当たり前を超える接客法

# 期待を超えるサービス提供がお客様に満足を与える

お客様が予想もしていなかったサービスや気遣いを提供することで感動を生み出します。期待どおり＝普通であり、当たり前のこととなります。

お客様を感動させるには、次の3ステップで進んでいくとよいでしょう。

▼お客様がどの程度のサービスを期待しているかを理解する

▼お客様一人ひとりの状況や要望に合わせたサービスを提供する

▼お客様が予想もしていなかったサービスや気遣いを提供する

これら3つのステップを行うには、支店全体、企業全体での取組みが必要です。

経営層や管理職層が率先して模範を示し、人材教育や権限の移譲などが必要になってきます。また、関係者全員がホスピタリティ精神を持ち、実践し続けることが求められます。

時代とともに顧客ニーズは変化するものです。それに伴って、サービス内容の変化を求められますし、企業の存続も左右されます。

金融機関同士の競争が激しさを増している現在、なくてはならない存在だと地域の方に感じていただけるような変革が求められています。変革のチャンスだと捉え、新サービス構築の一助としていただければ幸いです。

**①非金融サービスの拡充**

金融仲介機能だけでなく、取引先・販売先の紹介や経営人材の紹介など、企業の収益改善に直結するサービスを提供することが重要です。

**②経営の多角化**

金融業務以外の分野への進出や、他業種との連携を通じて、新たな収益源を確保することも検討すべきです。

**③地域経済の活性化への貢献**

地域の中小企業支援や創業支援を通じて、地域経済の活性化に積極的に貢献することで、地域における存在意義を高めることが重要です。

**【事例】**

北海道のある金融機関の支店では、中小企業の補助金申請業務のサポートをする専門チームが立ち上げられました。

中小企業では、補助金を活用したくとも、書類作成や申請が面倒なのではないかと二の足を踏んでいる経営者が多いものです。

事業計画書など必要となる書類の作成のポイントなど、融資担当者なら見慣れた書類もあるものです。そのような知見を活用し、申請書類の作成の相談やアドバイスを行っているところもあります。

# 第4章 電話を通した話し方

45

電話応対の基本

# 受けてから切るまでの7つのステップ

◉電話応対の基本7つのステップ

①3コール以内に受話器をとる

電話を受ける際には、1秒置いてから話し出します。第一声は、明るく元気な声で応対しましょう。ドレミファソの「ソ」の音で声出しする意識を持ちましょう。

②自己紹介をする

自分の名前と所属を明確に伝えます。自分が先に名乗ります。

【トーク例】

「お電話ありがとうございます。○○銀行の△△が承ります」

### ③相手の話をよく聞く

相手の話をしっかりと聞き、理解することが重要です。復唱し、確認しながら相手の意図を正確に把握します。

### ④丁寧な言葉遣い

敬語を使い、丁寧な言葉遣いを心がけます。周囲の音も電話の相手に聞こえています。近くに電話中のスタッフがいる場合、周囲の人も話し声に気を配りましょう。

### ⑤迅速な対応

問い合わせ内容に対して迅速に対応し、必要な情報を提供します。たらい回しにしたり、相手を待たせることがないよう、スムーズに進行させることが大切です。

### ⑥メモを取る

相手の名前や用件は必ずメモに残します。引き継ぎは確実に行います。

### ⑦終了時のあいさつ

電話を終える際には、ごあいさつをし、相手が電話を切ってから、静かに受話器を置きます。

46

電話の印象を良くする声のトーン

# “ソ”の声で話すと電話の印象が良くなる

電話機を介すると、声は普段以上に低く聞こえてしまう傾向があります。声のトーンが暗いと、怒っているように聞こえたり、不機嫌な印象を与えてしまう可能性があります。

このため、通常の自分の出しやすい声のトーンより高めにすることをお勧めします。あいさつと同じ「ソ」の音で第一声を発したいものです。「ソ」の音は、明るく元気な印象を与えられる音です。

間違っても「ド」の音であいさつはしないようにしましょう。低い声になって、暗くてどんよりとした雰囲気に感じてしまいます。「ド」の音でのあいさつを試しに自分の声を録音して、客観的に聞いてみましょう。

機嫌が悪そうに聞こえませんか？

電話では顔が見えません。電話口から聞こえる音のみが頼りです。声の印象がすべてといっても過言ではありません。あなたの声のトーンが良くも悪くも、支店全体、企業全体の第一印象となってしまうかもしれません。

ぜひ良い印象を与えられる「ソ」の音で、話し出しましょう。

印象を良くする声のトーン

YouTube 動画

47

電話ならではの話し方

# いつもの会話以上にクリアに話す

電話では、受話器を通すため声がこもってしまいがちです。スマートフォンのマイクの性能はかなり進化していますが、会社では固定電話で応対することもあるでしょう。電話自体は、簡単に壊れることがありませんから、10年以上使い続けている機種もあります。

そこで、受話器を通じた声が良く聞こえるための方法をお伝えします。

電話で良い声だな、と思うポイントは、明確にはっきりクリアに聞こえることです。言葉がクリアに聞こえるためにの最も簡単な方法は、口を大きく開けて話すことです。

アナウンサーは、そこまで大きく口を開けて話すことはありません。それでもクリアに聞こえるのは、発声滑舌のトレーニングを積んでいるからです。もちろん新人の頃は、口を大きく開けて練習します。

　プロも口を大きく開け、明確に口を動かす練習を行っています。その積み重ねの結果、大きく口を開けることなく、はっきりと明瞭な滑舌になります。

　ですから、練習をしたことのない方が、クリアな言葉を発するための第一歩は、口を大きく開けて話すことです。そして、しっかりと動かすことで、言葉が滑って聞きにくくなってしまうことを防げます。

　また、明るい声を出すには、笑顔で話すことが効果的です。笑顔のときには、口角が上がります。口角が上がった状態で声を出すと、明るく楽しげに聞こえます。

電話ならではの話し方

YouTube 動画

48

## 電話での抑揚のつけ方
# 身振り手振りをつけて話せば聞き取りやすくなる

抑揚をつけずに話をすると、受け手は言葉の意味こそ理解できますが、内容はなかなか頭に入っていきません。電話対応においてとくに注意が必要な点です。では、どのようにしたら、自然な抑揚で話すことができるでしょうか。

最も良い方法は、身振り手振りをつけながら話すことです。

丁寧な方が、電話をしているときにお辞儀をしながら話しているところを見かけたことはありませんか？

電話では相手の姿や態度は見えません。ところが、態度や姿勢が発する声に現れます。それが色付くように抑揚やイントネーションとなって現れます。

抑揚がない方は、棒立ちのまま、感情がないまま受け答えをしていることが多いでしょう。相手に敬意を表したり、相手のことを思い考えて話すと、ボディーランゲージも自然と出てきます。

アナウンサーは新人のときに「目の前に大切な人がいると思ってカメラの前に立ちなさい」と指導されます。誰もいないスタジオでも、大切な人が目の前にいるつもりで話すことを求められます。電話でも同じように、大切な人を思い浮かべて話しかけることができると、自然な抑揚となります。

コールセンターの研修では、大切な人や家族の写真を見えるところに置いてもらうこともします。イメージするのが苦手な方は、写真を用意するのも手段のひとつとなるかもしれません。

テレアポの話し方のコツ

YouTube 動画

49

「言葉が瞬時に出てこない」の解決法

# アウトプットを繰り返し訓練する

「瞬時に言葉が出てこない」という悩みを解消するためには、単に勉強するだけでは上達しません。実際に言葉を発するというアウトプットを繰り返し実践することが重要です。具体的には、次の方法があります。

**▼相手の質問を確認する**

「ご質問は○○ということですね?」と、相手の質問を繰り返します。話しながら、答えを考える時間を作ることになります。

**▼喋り出す冒頭の文言を決めておく**

「ご質問にお答えします。私のアイディアは…」

このように、決めておいた冒頭の文言から話し出します。話している間の時間は、わずかだと感じるかもしれません。ところが、話しているうちに次の言葉が思い浮かんだりするものです。

日本語では、主語を言うと、述語まで言わないとスッキリしないものです。述語まで口から言葉を出してしまうことで、何かしら相手に伝えようとしている気持ちが伝わります。多少間があったり、たどたどしくなっても、相手も話を聞こうとしてくれます。

## ◉変な口癖に気づく方法

「えー」「あの」「なんか」など、間を埋めるための口癖がつい出てしまう人は多いものです。自分ではわからない変な口癖に気がつくための効果的な方法は、フリートークを録音し、その音声を編集することです。録音して、聞き返すだけでは、聞き逃すこともあります。しかし、たった1分の音声でも、変な口癖をカットしてみようとすると、「えー」と連発していることに気がつくことができます。以前、相談を受けた受講者さんは、たった1分の間に、なんと30回以上「えー」と言っていたなんていう例もありました。

音声を編集する無料のアプリがありますから、ぜひスマホにダウンロードして試していただきたいです。思わぬ口癖に気がつくことでしょう。

また、他の人の口癖チェックをしてみるのも効果的です。「人の振り見て我が振り直せ」ということわざがあります。他の人の口癖を探し、自分も同じ言葉を発していないか振り返ることができるでしょう。注意点としては、くれぐれも、「口癖チェック」をした相手に指摘することはしないことです。

## ◉変な口癖を直す方法

次に、変な口癖を直す5つのステップをご紹介します。

**▼その1** 気になった口癖を紙に書き出します。

**▼その2** その口癖の代わりに使える別の言葉を書き出します。

**▼その3** 話し出す前に、頭の中で簡潔な文章（短い文章）をイメージしてから言葉を発します（長くなると、口癖が出やすいため）。

**▼その4** **口癖を言いそうになったと気がついたら、別の言葉に置き換えましょう。**

**▼その5** **フリートークを録音し、口癖カット編集を定期的に行います。**

口癖は、原稿がないフリートークのときに出やすいものです。また、自分の考えや思いを頭の中でまとめながら伝えようとすると、考える時間（瞬間的にも）に、無駄な口癖を発してしまうものです。

新人アナウンサーの場合、出演した生放送の録画や録音を毎日観たり聴いたりすることも仕事のひとつです。毎日の放送の中で、失敗した自分と向き合うダメ出しの時間があります。だから、上達も早いわけです。

自分以外の人に定期的にダメ出し（フィードバック）をしてもらうと、一人では気づけなかったことに気がつきます。信頼できる人に依頼するか、プロからフィードバックしてもらうのもひとつの手段です。

筆者自身も「なんか」という口癖があります。今でも言ってしまうことがありますので、気をつけています。

徹底的に意識していることは、次の2点です。

### ▼その1　短い文章でしゃべること

### ▼その2　間を取ること

このたった2つを行うだけで、話出しの冒頭につい言ってしまう「えー」「あの」「なんか」は防げます。「えー」と言ってしまうくらいなら、「間」を取りましょう。

50

短時間で相手に伝える方法

# タイトルを付けてから結論を話す

よく「結論から話して」と言われます。そこで、せっかく結論から話したのに、相手にキョトンとされたなんていう経験はないでしょうか？　また、「いったい、何の話？」と言われてしまったという経験をお持ちの方がいらっしゃるかもしれません。

相手にしっかり理解してもらうためには、結論の前に言うべきことがあります。これを忘れてしまうと、話がわかりにくい人、何を言いたいかわからない人だと思われてしまいます。

結論の前に必ず言うべきこととは、今から何の話をしますよ、と話のタイトルを言うことです。話の中身（結論・結果）に入るのではなく、まずはタイトルコールをします。

**【トーク例】**

「今から私は、本社との会議内容をご報告いたします」
「これからA社との打ち合わせ内容を共有します」
「本日行っていただきたい仕事内容を説明します」

相手もわかっているだろうと、タイトルコールを言わずに飛ばしてしまうと、聞き手にははなはだ迷惑となります。話の中身に短いタイトルをつけて、今から自分は何の話をするのかを明確に提示してから話し出しましょう。

あなたの話が伝わらない理由

51

聞き直すときのコツ

# “恐れ入りますが”などのクッション言葉を入れる

電話で相手の声が聞き取れないと、つい焦ってしまいます。通信環境の問題だったり、通話場所によっても聞こえにくいことがあります。電話ではよくあることですから、上手に聞き直す方法を知り、慌てず対応しましょう。

聞き返す際には、クッション言葉を使います。

**【トーク例】**

「大変恐れ入りますが、先ほどの数字の部分をもう一度おっしゃっていただけますでしょうか」

「お電話が少し遠いようなので、もう一度お聞かせいただけますでしょうか」

「私は、渉外担当の鈴木茂と申しますが、お客様のお名前をもう一度お伺いしてもよろしいでしょうか」

クッション言葉を使うことで、相手の気分を害さず聞き返すことができます。

聞こえなかったことは、自分が悪いわけではありません。ところが、相手のせいにしてもいけないのです。クッション言葉は、申し訳なさそうに言ったほうが相手も気持ちよく答えてくれます。もう一度言ってもらうことに対して、お手数をおかけしてしまうという気持ちを乗せて言いましょう。

相手の名前を聞くときには、必ず自分が先に名乗ります。ポイントは、フルネームで名乗ることです。相手の名前もフルネームで確認することができます。

「上の名前、下の名前」と表現する人がいますが、これは間違った言い方です。名前に上下はありません。また、名前は誰かにあげるものではありませんので、間違った言い方には十分気をつけましょう。

**【トーク例】**

（○）「フルネームをお伺いできますか」

（×）「下の名前を教えてください」

（×）「お名前を頂戴できますか」

聞き返した内容は必ず復唱して確認します。とくに数字や固有名詞は間違いやすいため、言い換えるなどの工夫が必要です。

聞き取れない時の対処法

YouTube 動画

# 52 できる人の電話応対術
# 上手な人はゆっくり話している

電話応対の基本編をマスターしたら、応用編として、レベルアップした電話応対術を身につけたいものです。電話応対が素晴らしいと、仕事ができる人だと周囲からの評価も高くなります。

**①電話に出るとき**

１秒置いて話し出すことは、「45 電話応対の基本」でお伝えしました。その後、ゆっくり話し出します。電話がつながった直後は、音が聞こえにくいものです。そのタイミングで話すスピードが速いと、電話をかけて来られた方は圧倒されてしまいます。とくに自分の名前を名乗るときには、言葉が滑らないように、姓と名の間で短い「間」を取りましょう。

## ②折り返しご連絡する前提で応対する

スマートフォンを使用する人が圧倒的に多くなりました。業務の効率化のために、自動音声などの後に通話がつながるように設定されている企業も増えています。つまり、お客様は電話がつながった時点で、すでに「なかなかつながらない」とイライラしていることもあるのです。

短時間であっても、電話をたらい回しにされたり、欲しい回答が得られないのは、クレームのもととなります。自分が担当でなかったとしても、責任を持って折り返しご連絡を入れる前提で応対しましょう。

【トーク例】

「○○の詳細について、確認のうえ、折り返しご案内いたします。私は、○○部門の△△と申します。この後、1時間以内にご連絡いたしますが、お客様のご都合はよろしいでしょうか？」

### ◉用件以外の注意点

▼折り返しできる目安の時間をお伝えする

▼相手の電話番号を確認する

▼こちらの発信番号を伝える（非通知や登録されていない電話番号には出ないお客様もいらっしゃるため）

できる電話応対
5つのポイント

YouTube 動画

53

電話セールスのゴール

# 電話応対から来店予約につなげる

電話セールスのゴールは、商品やサービスを直接売り込むことではありません。お客様との良好な関係を築きながら、来店予約につなげることです。

**①お客様のニーズに合った情報提供**

お客様の属性や状況に合わせてパーソナライズされた情報を提供したいものです。事前に顧客情報を確認するなど、お客様にとって、有益な情報提供を行いましょう。

**②来店予約につなげるための具体的な行動**

情報提供後には、来店予約という具体的な行動を促します。

**【トーク例】**

「ご興味をお持ちいただいて、ありがとうございます。とてもわかりやすい資料がございますので、ご来店いただけませんか？」

このように、お客様に行動を促す言葉を添えましょう。

また、お客様のアポイントメントを取る際には、二択にして選んでいただくと、スムーズな予約につながります。

**【トーク例】**

「今週と来週でしたら、どちらがご都合がよろしいですか？」

「午前と午後でしたら、どちらで予約をお取りしましょうか？」

二者択一法を使うことで、お客様に決断を促すことができます。人はどうしても決断を先延ばしにしたいものだからです。そこで、アポを取るようになったときなどに、お客様にご自身で選択してもらいます。

選択肢を二択に絞ることで、お客様の心理的な負担を軽減し、決断を後押しすることができます。

電話セールスは、お客様との貴重な接点です。特別なお客様へ最高のサービスができるチャンスです。どんどんチャレンジしましょう。

54

留守番電話へのメッセージ

# 留守番電話に備えてフォーマットを用意しておく

留守番電話になってしまうと、慌てて切ってしまうという方もいらっしゃるようです。ところが、仕事をするうえでは、着信が残っているのに、メッセージが入っていないとなると、失礼に当たります。

かけた電話が留守番電話に切り替わっても、臆することなく丁寧にメッセージを残しましょう。

また、留守番電話メッセージは録音できる時間が限られています。20～30秒以内です。コツは、フォーマットに沿って短い文章で話すことです。

**◉30秒以内で録音するためのフォーマット**

**①名乗る**
**②用件のタイトル**
**③要約した用件**
**④連絡先**
**⑤再度名乗る**

次に、話し方のコツです。相手にわかりやすく伝えるために、以下の5つのポイントがあります。

**①静かな場所で録音する**
**②ピー音のあと、1秒置いてから話し始める**
**③連絡先を2回繰り返す**
**④話し終わったあと、3秒置いてから静かに切る**
**⑤場合によっては、メールやLINEなどで文字でも連絡する**

これらのポイントを押さえることで、美しい留守番電話を残すことができます。

留守番電話を適切な方法で入れることは、社会人としてのマナーともなります。

55

適切な間の取り方

# 間を使い分けながら話すと相手の理解を促すことができる

慌てていたり焦ってしまうと、つい一気にまくし立てるように話してしまいがちです。これは、聞き手にとっては不親切。理解が追いつかないまま、聞いているフリをしてしまうこともあるでしょう。とくに電話では相手が見えません。相手の様子を想像しながら、理解してもらえるように伝えることが必要です。

そのために「間」を上手に使いましょう。コミュニケーションが上手な人や交渉に優れている人は、自然と心地よい「間」のある話し方をするものです。

## ◉「間」があることによる効果

〔聞き手〕
▽話を理解しやすくなる
▽重要なことが記憶に残りやすい
▽考えを整理する時間がある
▽話に変化を感じて飽きない
▽疲れにくくなり、「聞く」集中力が増す

**◉「間」の種類と長さ**

**①解釈のための「間」…1秒以内**
▽聞き手が情報を処理するために必要な時間(約0・45秒以上)
▽短いセンテンスで話し、句点で自然に「間」を取る

**②強調のための「間」…1〜2秒**
▽重要な言葉や情報の前に短い「間」を入れる
▽次の項目に移る前に「間」を入れる

**③感情を伝える「間」…3〜5秒**

▽謝罪や感謝の場面では約3秒が適切
▽相手の考える時間
▽余韻を残す
「間」は単なる沈黙ではなく、意味ある大切な時間です。相手にとって「わかりやすい」を目指し、「間」を使い分けましょう。

「間」のとり方3つのコツ

YouTube 動画

# 56 感じの良い「ありがとうございます」
# 〝ありがとうございます〟で好感度がぐんとアップする

企業などの代表電話では「お電話ありがとうございます」と、電話に出ることが多いと思います。

私たち日本人は、あまりにも当たり前に使っているからか、「ありがとうございます」を感じ良く言うことできない人が多いように思います。感情もなく、淡々と棒読みでただ言っているだけ、という人もいます。これでは、相手に冷たい印象を与えてしまい、もったいないな、と感じてしまいます。

コールセンターなどの研修でも、この第一声を上手に言える人と言えない人の差が大きいのも事実です。

「ありがとうございます」を感じ良く言える人は、周りの人から好かれます。かわいがられます。いざというときに、助けてもらえます。ですから、ぜひ感じの良い言い方をマスターしていただきたいものです。

## ◉「ありがとうございます」を心から言うコツ

子供の頃におじいちゃんやおばあちゃんからお年玉をもらったときのことを思い出してください。その気持ちで「ありがとうございます」と言ってみてください。

**【研修事例】**

「○○さん、1万円あげます」と1万円を手渡されたときに言う「ありがとうございます」と、電話に出たときの「ありがとうございます」をご本人に聞き比べを行っています。

「ありがとうございます」は、言わないよりは、もちろん言ったほうがよい言葉です。心から感謝の気持ちが込められている「ありがとうございます」は、相手の心に響きます。ぜひ、1万円もらったつもりで「ありがとうございます」と言いましょう。

# 第5章
# 苦情・クレームを受けたときの話し方

57

クレームへの心構え

# 矛先は人ではなく組織や商品・サービス

クレームは避けられないものです。どんなに商品やサービスが優れていても、クレームはゼロにはなりません。また、クレームの質も変わってきています。世代間の格差や認知症などのさまざまな要因によって、クレームが長引く可能性もあります。

現代において、クレーム対応は企業にとって重要な業務のひとつです。対応が遅れると企業イメージや、仕事のパフォーマンスを大幅に下げることにもつながります。緊急かつ重要な業務だと認識しましょう。

クレーム対応によって、身も心もすり減らしてしまう人もいらっしゃいます。もちろん、お客様には真摯に対応しなければなりませんが、自分自身がクレームの原因になっていることは少ないはずです。

つまり、クレーム対応してくれている『あなたが悪い』とお客様は言っているわけではない、ということです。何かしらの不満を、あなたにぶつけている状態です。ですから、クレームを言われている自分＝クレームの原因・要因ではないのです。

したがって、クレーム対応に当たっては、お客様の望んでいることを実現するためのパートナーであると、いち早くお客様に認識してもらえるような対応をしたいところです。

そして、クレーム対応の仕方が悪いと、その対応の仕方自体がクレームそのものになってしまいます。対応の仕方に問題がある場合には、あなたが原因のクレームとして、上長・上司が対応することになります。

クレームは、さらに別のクレームに発展することもあれば、クレーム対応が素晴らしかったことで、お客様が担当者の熱烈なファンになる場合もあります。クレームは、あなたが成長するチャンスだと心得て、しっかりと応対していきましょう。

58

クレームへの対処法

# 傾聴に始まり感謝で終える

クレームには主に2つの要因があります。1つ目は単に、感情的に文句を言いたいだけの場合、2つ目は問題解決を望んでいる場合です。

適切なクレーム対応は次の5つのステップで進めます。

**①傾聴**

**②お客様が不快な思いをしたことに対する謝罪**

**③事実関係の把握**

**④解決策の提案**

**⑤決意表明と感謝**

各ステップでどのようなことに注意したらよいのか、詳しく見ていきましょう。

**①傾聴**

はじめに行わなければならないことは、お客様の言い分を丁寧に聴くことです。相手にしっかりと聴いていると伝わる姿勢や態度を示します。

具体的には、大きくうなずき、丁寧な言葉での相づち、そして、真剣な眼差しと表情です。メモを取りながら、前のめりな姿勢でお話をうかがいます。

お客様には、自分の言い分をすべて言い切ったという状態まで、お話ししてもらいます。こちらに非がない場合でも、まずはお客様の話を十分に聞き、理解を示します。

**②お客様が不快な思いをしたことに対する謝罪**

次に、お客様が不快な思いをされたことに対し、お詫びを伝えます。注意点としては、クレームの内容すべてに対してのお詫びではなく、あくまで、お客様の心情に対してのお詫びだということです。

**【トーク例】**

「この度は、お客様に不快な思いをさせてしまい、誠に申し訳ございませんでした」

「お客様のお気持ちに十分に配慮できず、申し訳ございませんでした」

**③事実関係の把握**

そのうえで、事実関係の把握を行っていきます。5W1Hに基づいて確認します。

▼Who（誰が）

▼When（いつ）

▼Where（どこで）

▼What（何を）

▼Who（なぜ）

▼How（どのように）

ポイントは、客観的な事実と主観的な意見を区別することです。

お客様の感情的な主張と客観的な事実を分けて整理します。クレーム内容の裏付けとなる客観的な証拠となるものがあるかを確認します。また、聞き取った内容を要約してお客様に確認してもらうことで、認識のズレを防ぎます。

クレームの要因となった担当者や関係部署からのヒアリングも行います。

**④解決策の提案**

事実関係に基づき、解決策を提案します。お客様がどのような解決策を望まれているのか、具体的内容をおうかがいします。

解決策の提案をする場合には、次の点に注意しましょう。

**▼お客様の立場に立って提案します**

一方的な提案ではなく、お客様の要望を最大限汲み取った解決策を提示しましょう。

**▼選択肢を用意します**

可能であれば複数の選択肢を提示し、お客様に選んでいただくのも効果的です。

もしかしたら、過度な要求をしてくるクレーマーもいるかもしれません。その場合、理不尽な要求は勇気を持って断ります。

要求を断る際には、その理由を明確に説明します。脅迫や暴言など、明らかに違法な行為がある場合は、弁護士や警察に相談する法的措置も視野に入れて検討します。

**⑤決意表明と感謝**

同様の問題が起きないよう、再発防止策を説明します。最後にあらためてお詫びし、貴重なご意見をいただいたことに感謝の気持ちを伝えます。

クレーム応対の記録は残しておきましょう。クレーム内容を社内で共有し、再発防止に取り組み、サービス改善につなげましょう。

59

難しい要望に対する答え方

# 理解・共感しながらできる限り要望に応える

無理難題を言ってくるお客様への対応は難しい課題です。適切に対処できるよう心の準備をしておきましょう。

その場で急に対応するのは難しいものです。ロールプレイングを通じて練習を重ねておきましょう。

**①お客様の気持ちを理解し共感を示す**

まず、お客様の要望の背景にある感情や事情を理解しようと努めます。

**【トーク例】**

「お客様のお気持ちはよくわかります」

**②冷静に事実を確認する**

感情的にならず、5W1H（いつ、どこで、誰が、何を、なぜ、どのように）を明確にしながら、状況を正確に把握します。さらなるトラブルを避けるためにも、即答や安易な約束はしません。

**【トーク例】**

「関係部署にて確認させていただきます。お時間をいただけますか？」

**③法的・契約的な観点から説明する**

要求が過剰な場合は、法律や契約上の制限を丁寧に説明します。

**【トーク例】**

「申し訳ございませんが、法律上（契約上）、○○様のご要望にはお応えできかねます」

**④代替案を提示する**

無理な要求に対して単に「できません」と言うのではなく、可能な範囲内での代替案を提案しましょう。これにより、お客様の要望に少しでも応えようとする姿勢を示すことが大切です。

# 60 最悪のミスコミュニケーション

## お客様の意向を必ず確認する

**【事例】**

「お客様の住宅ローン金利を今よりお得にできますので、ご来店いただけますか？」

住宅ローンを組んでいるとある金融機関からの営業電話がありました。

わが家でも借換えで金利負担の引下げを検討していたタイミングでした。

「わかりました。来店は営業時間内のみですよね？」

「そうなんです。平日の午後3時までの間にご来店していただく必要があります」

ということで、夫婦そろって来店できるようスケジュールを調整し、予約しました。

予約日時に出向くと相談ブースに通されて、

「こちらが新規の住宅ローンの金利です」

と、資料を渡されたのですが、その内容に愕然としました。

「どういうことですか？　ご存じのとおり、わが家は固定金利で住宅ローンを組んでいます。これ、変動金利の資料ですよね？　変動金利のほうが金利が低いことは、ローンを組むときからわかっていることです。わが家では35年の間に金利が上がるのが嫌だから、固定にしています。同じ条件で、金利負担を圧縮できるなら借換えしたいと来店しています。固定金利の資料を出してください」

筆者に言われるまで、担当者は固定金利の資料は用意していなかったようです。そして、こちらの金融機関の固定金利では、わが家の住宅ローンの借換えは、メリットがありませんでした（のちに別の金融機関で借換えし、固定金利で住宅ローンの負担圧縮に成功しています）。

「住宅ローンの金利負担を今より圧縮できる、との案内で、平日の営業時間内にスケジュール調整して来店しました。はっきり言って、むだな時間でした」と告げて帰ってきました。

**【事例の振り返り】**

担当者にとって、筆者の言い分は厳しい言葉だったでしょうか?

住宅ローンのように長期のローンは、変動金利より金利が高かったとしても固定にしておくと考えている人は少なくないはずです。金利が低いときには、もちろん変動金利を選ぶ方もいらっしゃることでしょう。ですが、住宅ローンをわざわざ固定金利で組んでいる顧客に対して、変動金利で借換えを推奨するならば、電話の段階で変動金利での案内であることを伝えるべきです。全く違う商品を提案するのですから。お客様の時間を奪う行為はやめるべきだったと思います。

お客様がどうして変動金利ではなく固定金利で住宅ローンを組んでいるのか、変動金利にかえる可能性はあるのかなど、事前のヒアリングが不足していたことがミスコミュニケーションにつながったわけです。

そのうえ、面談に至っても、お客様への配慮をおろそかにして、自身の提案に誘導してしまいました。

こうしたミスコミュニケーションは、お客様を金融機関から遠ざけてしまいかねません。予断を持たずに、あくまでもお客様の意向に沿った提案を心掛けましょう。

61

## お見送りは無理にしない
# 不快な思いをさせなければ状況を考慮して臨機応変に対応

お客様のお見送りは、必ずしも無理にする必要はありません。お客様を最優先に行動する際、状況判断が重要となります。例えば、お客様が何か他のことに気を取られている場合は、お見送りのあいさつよりも、明るい声での声かけのほうが好印象を与えることがあります。

▼お客様の状況…お客様が急いでいる場合や、他の用事を済ませたい場合など、お見送りを煩わしく感じる可能性があります。

▼従業員の状況…他のお客様をお待たせしているなど、店内が混み合っているときなど、お見送りに集中できない状況では、中途半端な対応になってしまい、かえって逆効果に

なる可能性があります。

**◉お見送りできない場合の代替案**

▼「ありがとうございました！」と、笑顔で明るい声をかける。

▼ロビー担当者など他のポジションの方が心を込めてお見送りする。

大切なのは、お客様に不快な思いをさせないことです。お客様の状況やお店の状況を考慮し、臨機応変に対応することが重要です。

お見送りは必要？

YouTube 動画

62

信頼を失う残念な声かけ

# 無表情、耳を傾けない、否定、上から目線、言い訳はＮＧ

お客様の信頼を失う残念な声かけとは、お客様に不快感を与え、その後の関係構築を阻害する可能性のある言動を指します。

**▼無表情で低い声のあいさつ**

つまらなさや不機嫌さを印象づけ、支店の雰囲気を暗くしてしまいます。また、口角を下げたまま話すと、声が聞き取りにくくなります。

**▼お客様の言葉に耳を傾けない姿勢**

例えば、お客様からサービスに対する改善要望があった際、「参考にします」「気をつけます」といった言葉だけで片付けてしまうことは、お客様の信頼を失うことにつながります。お客様は『改善を求めているのに、真剣に対応してくれない』と感じるからです。

### ▼否定的な言葉

「でも」「いや」といった否定的な言葉から始めると、それだけで印象を悪くしてしまいます。

### ▼上から目線の発言

上から目線で話したり、専門用語を並べるのではなく、お客様の知識レベルに合わせた説明を心がけます。小学校5年生から中学校1年生くらいの人が理解できる言い回しや表現方法を身につけると、どなたにでもわかりやすい説明ができるようになります。

### ▼言い訳がましい説明

指摘された場合、言い訳をしてしまうと、『この人は自分の非を認めようとしない』と不快に感じます。

### ▼大きすぎる声

家族構成や資産状況など、お客様のプライベートに関わる質問は、他のお客様に聞こえないように配慮する必要があります。信頼関係を築くためには、お客様の立場に立って、相手の気持ちを尊重したコミュニケーションをはかることが重要です。

63

注意を促す声のかけ方

# 声のトーン、表情、言葉遣い、周りの状況に気をつける

他人に対して注意を促す必要がある場合には、言い方に気をつけたいものです。伝え方ひとつで相手を不快にさせてしまう可能性があるからです。

**①声のトーンと表情**

**▼明るいトーンと笑顔**

注意をする場合でも、優しい笑顔で、穏やかな口調で話しかけることが大切です。

**▼お客様の目を見て話す**

相手の目を見て話すことで、真剣に伝えようとする気持ちが伝わりやすくなります。

**②言葉遣い**

▼命令口調にならない

「○○してください」といった一方的な指示ではなく、「○○していただけますでしょうか」「ご協力いただけますでしょうか」と、お願いする言い回しを使いましょう。

▼クッション言葉を活用する

「お手数をおかけしますが」「申し訳ございませんが」といった気遣いの言葉を添えることで、柔らかな印象を与えられます。

▼感謝の気持ちを伝える

注意を促す際には、「いつもありがとうございます」など、感謝の言葉を添えることで、お客様に不快な感情を与えにくくなります。

③その他

▼周りの状況に配慮する

他のお客様がいる場所では、お客様の尊厳を傷つけることがないよう、別室やカウンターなど、周りの目を気にせず話せる場所に移動するのがよいでしょう。

▼理由を明確に伝える

なぜ注意が必要なのかを明確に伝えると、お客様の理解と協力を得やすくなります。

64

注意事項は理由を明確に伝える
# 納得と協力が得られ信頼関係も構築できる

注意事項の理由を明確に伝えることは、お客様の理解と協力を得るために必要なことです。

## ◉理由を伝えるメリット

▼納得と協力

理由を伝えることで、お客様はなぜそれをするべきなのか（または、してはいけないのか）理解し、納得して協力を得やすくなります。

例えば、お店で「ご予約はお済みですか？」と単に言うよりも、「本日は混雑緩和のため、恐れ入りますが、ご予約のお客様を優先とさせていただいております」と理由を添えることで、お客様は納得したうえであらかじめ予約してくれる可能性が高まります。

▼信頼関係の構築

理由を伝えることで、お客様は『自分のことを考えてくれている』『誠意を持って対応してくれている』と感じ、担当者への信頼感を高めます。逆に、一方的に注意するだけでは、お客様は『押し付けられている』『頭ごなしに言われた』と不快に感じ、信頼関係を損なう可能性があります。

注意事項の伝え方

YouTube 動画

65

# お待たせしているときの気遣い
# 待ち時間の目安を伝える

お客様をお待たせしている間は、お客様への気遣いを示すと同時に、今後の営業活動に役立つ情報収集を行う貴重な機会となります。

**①気遣いのポイント**

**▼混み合った店内**

混み合う支店では、待ち時間の目安を表示しているところも増えてきました。長くお待たせしているお客様がいるのであれば、なぜ待たされているのか、その理由を具体的に伝えましょう。そのうえで「**申し訳ございませんが、もうしばらくお待ちください**」と、誠意を込めて謝罪しましょう。待ち時間の目安を伝えられる場合は、併せて伝えることで、お客様の不安を軽減できます。

▼快適な待ち時間の提供

席が足りない支店では、パイプ椅子を出して並べる場合もあります。また、暑い日や寒い日には、店内に誘導するなど、お客様の状況に合わせた気遣いを心がけましょう。

▼ウォーターサーバー

お客様が自由に水分を取れるように、ウォーターサーバーを設置している支店もあります。雑誌やパンフレットなど手に取りやすいように設置したいものです。

②リサーチのポイント

▼ニーズの把握

お客様がご覧になっているパンフレットなどから、何を求めているのか、興味や関心を把握することができます。

【トーク例】

「投資信託にご興味をお持ちですか?」

▼商品・サービスへの評価やアンケート

常連のお客様には、商品やサービスの気に入っている点や改善点などをうかがってみましょう。

【トーク例】

「いつもありがとうございます。先日○○様にご加入いただいた終身保険は、どんな点が気に入っていただけましたか？」

▼顧客情報の取得

待ち時間でアンケートなどの記入をお願いすることで、お客様の誕生日や連絡先などの情報を収集できます。商品やサービスの案内と合わせて、次回の来店につなげられるように、ノベルティーやプレゼントなどお客様にメリットを提示すると記入率を上げられます。

【トーク例】

「お待ちの間に、こちらの簡単なアンケートにご記入をお願いしてもよろしいでしょうか。アンケートにお答えいただいた方には、こちらのエコバッグのプレゼントを行っています」

お客様をお待たせすることは、決して良いことではありません。しかし、その時間をむだにすることなく、お客様とのコミュニケーションを深め、信頼関係を築くための貴重な機会と捉えましょう。

66

悪い謝罪、良い謝罪

# 謝罪の要領は言い方＋態度や表情

謝罪をしているのに、相手を余計に怒らせてしまった。このような失敗談はよくあります。伝え方を間違ってしまうと、「心から謝っていない」「悪いと思っていない」と受け取られてしまいます。

その理由としては、自分に非がないのに理不尽に怒られた（クレームを言われた）など、「自分は悪くない」という心理が働いてしまうからです。

謝罪という場面において、とくに重要な要素は、「言い方＋見た目（態度や表情）」です。これはまさに、本書のテーマである話し方、伝え方で同じことを言っているのに、受け取られ方が全く異なってしまうといった例です。

どんなに丁寧な言葉遣いであっても、言い方が不愛想だったり、不貞腐れたような表情では、台無しになってしまいます。

言い方は極めて大事な要素である点を念頭におき、悪い謝罪と良い謝罪の事例をみてみましょう。

**《悪い謝罪》**

**▼言い訳から入る**

「残業続きで疲れていて、確認できていませんでした。すみません」

「前の会議が長引き、出発の時間が遅れてしまいました。申し訳ありません」

**▼責任転嫁（他人のせい・環境のせい・会社のせい）**

「私が作成した資料ではないので、間違っているようでしたらすみません」

「最近忙しくて、ミスしてしまいました。申し訳ありません」

**▼謝罪ワードの連発や形式的な謝罪**

「あ、すみません。ミスってました。申し訳ないっす。以後気をつけます。すみませんでした」

《良い謝罪》

▼先に謝る

「申し訳ございません。私の確認不足でご迷惑をおかけしてしまいました。今後は早めに確認を行います。申し訳ございませんでした」

「大変申し訳ございませんが、到着が10分ほど遅れてしまいます。お待たせしてしまい本当に申し訳ございません」

▼自分の非を認める

「大変申し訳ございません。私の不注意で起きてしまった問題です。ご迷惑をおかけしてしまい、申し訳ございませんでした」

▼相手の感情に配慮する言い方

態度や表情、仕草、姿勢に気をつけ、丁寧な言葉遣いをします。

「この度は、私のミスでご迷惑をおかけし、大変申し訳ございませんでした」(+深いお辞儀)

「すみません」「すいません」は、謝罪の言葉ではありません。謝罪の際には、「申し訳ありません」「申し訳ございません」を使用します。

謝罪の気持ちが伝わると、相手にも「許してあげよう」と感情の変化が起こります。とくに、話す順番と言葉の選び方にも気をつけます。

**《話す順番》**

▼その１　謝罪の言葉
▼その２　責任の所在
▼その３　今後の対策（具体的な解決策の提示）
▼その４　相手を思いやる言葉
▼その５　再度、謝罪の言葉

申し訳ないという気持ちを態度で示し、信頼回復に努めます。

67

カスハラ対応

# 理不尽な要求には毅然とした態度で応じる

カスタマーハラスメント（以下、カスハラ）とは、顧客からの悪質な嫌がらせのことを言い、クレームとは異なります。ただし、はじめは正当な理由であったとしても、怒りがエスカレートして、カスハラに発展する場合があります。

また、金銭の要求や恐喝、詐欺行為など、違法だとわかっていながら、無理難題を要求する悪質クレーマーとも異なります。

自分が正しいと思い込んで理不尽な要求を突きつけてくるのがカスハラです。カスハラは、業務に支障が出たり、他のお客様に迷惑がかかったりします。正しい対応方法を確認しておきましょう。

《基本的な対応手順》

▼その１　冷静に相手の話を聞く

相手の不満や要望をよく聞き、状況を把握します。相手の言い方によって、カスハラだと感じることもありますが、場合によっては、正当なクレームを言っていることもあります。まずは、相手の話を親身になって聴く姿勢を取ります。

▼その２　理不尽な要求には応じない

「土下座しろ」などの理不尽な要求は拒絶します。土下座の強要は、東京都のカスハラ防止条例に基づくマニュアル素案でも、「社会通念上、度を超えた内容」とされています。

「冷静になってください」「落ち着いてください」などとなだめたりすると、かえってヒートアップしそうな場合には、相手が落ち着いて話ができる状況になるまでは、受け流すことが重要です。怒鳴ったり、わめいたりするようならば、他のお客様にご迷惑がかからないよう、別室にご案内するなどの対応も考えます。

別室にご案内した際には、絶対にひとりで対応してはいけません。被害を防ぐためにも、必ず、上司などと一緒に複数人で対応しましょう。録音・録画など記録することも同時進行で行います。

## ▼その3　不明な点は「わからない」ことを明確に伝える

その場しのぎで、曖昧な対応をしてしまうと、後々「言った」「言わない」のトラブルに発展してしまいます。新NISAの影響もあり、投資をはじめるお客様も多いですが、株価が上がるかどうかは、わからないものです。さらなるトラブルを避けるためにも、お答えできない不明確なことは「わからない」ことを伝えることが重要です。

## ▼その4　名前と住所を確認する

個人情報をうかがうことで、態度が軟化することもあります。「なぜ個人情報を言わなければいけないんだ」と反論される場合もあるでしょうが、「匿名の方のご要望には応じられない規定となっております」などと応じます。

「ネットに晒すぞ」と脅し文句を言ってくる場合もあります。ひるむことなく、「お客様のご判断に対し、申し上げられる立場にございません」と回答します。

## ▼その5　居座り続ける場合には「警察を呼ぶ」と伝える

警察を呼ばれると面倒だと、引き下がる場合もあるでしょう。また、実際に警察を呼ぶことも解決策となります。

営業中の店内に長時間にわたって居座り続けることは、威力業務妨害や不退去罪に当たる可能性もあります。不当な要求には応じることなく、毅然とした態度で接しましょう。

カスハラへの対応は、個人の努力でどうにかできるものではありません。組織全体で取り組むことが重要です。実際の事例と対応策を支店内のみならず、金融機関全体で情報共有を行っていきたいものです。

カスハラへの対応策

YouTube 動画

# 第6章
# お客様の行動をうながす話し方

68

気づいたサインを声かけで送る

# 来店客には必ずサインを送る

接客中であったとしても、お客様がいらしたことに「気づいていますよ」と合図を送りたいものです。

筆者がよくおじゃまする銀行の支店で、先日こんなことがありました。

コロナ禍以降、予約優先の表示が出され、番号札は自分で取れない仕組みにしている支店もあります。

以前なら、番号札を取り、呼ばれるまでの間に用紙に記入して待つ、ということもできましたが、今はそうはいきません。番号札のところには、ロビー担当者が配置されています。どんな用件なのか、ロビー担当者が確認。必要な用紙に記入後、やっと番号札をもらえる仕組みです。

ところが、その日はなぜかロビー担当者が不在でした。用件も伝えられないまま、カウンターの前で立ち尽くしたまま数分が経過します。その間、警備員を含め、誰一人として、声をかけてくれませんでした。これが今どきの銀行なのかと、少しがっかりしたものです。

店頭の係の方は3名いらっしゃいましたが、確かに接客中でした。お客様に用紙の記入方法を教えていたり、タッチパネルの操作を教えていたりしていました。ただ、記入している中身をじっと見ているわけではないでしょう（個人情報の問題もあります）。番号札のカウンターの前で佇むお客さんがいるな、くらいはわかるはずです。

こちらも時間がかかるだろうことは想定内で銀行の窓口へ行きましたから、すごく急いでいるわけではありません。それでも、「少々お待ちください」くらいの声かけがあってもよいのでは？と思ってしまいました。

もちろん、今、対応中のお客様もいることは、見ればすぐにわかります。お客様から職員へ声をかけるのは、最終手段です。ぜひその前に、声かけなど「気づいたサイン」を出したいものです。

「いらっしゃいませ」などの声かけが難しい場合でも、軽く会釈をする、アイコンタクトを取るなどすれば、『自分のことを認識してくれている』と、お客様は安心するものです。人員削減で、大勢のお客様を次々とさばいていかなくてはならないポジションで余裕がなかったのかもしれませんが、金融機関に勤めているプライドを持ち、お客様の気持ちに寄り添うサービスを提供してほしいものです。

気の利いた「ひとこと」

YouTube 動画

69

## メリットトーク、確認、念押しで潜在ニーズを引き出す

ニーズやウォンツの引き出し方

お客様のニーズやウォンツを引き出すためには、お客様自身も気づいていない潜在的なニーズを顕在化させることが大切です。そのために、以下の3つのポイントを踏まえ、お客様に具体的な質問を投げかけていきましょう。

**①メリットトークをする**

お客様があなたと話をすることで、どのようなメリットがあるのかを最初に伝えます。

**【トーク例】**

「今日はお時間をお取りいただだいてありがとうございます。○○様の事業資金にお役立ていただけるサービスをご紹介いたします」

最初にメリットを伝えることで、お客様はあなたの話を真剣に聞こうとします。
また、お客様が求める情報を事前にヒアリングすることで、お客様にとって本当に必要な商品やサービスを提案できるというメリットを伝えることができます。

**【トーク例】**

**「〇〇様は、~にお困りとのことですが、いくつか質問させてください。〇〇様のご要望にお応えできる商品をご提案させていただきます」**

お客様が本心でお話ししてくださるように促します。自分の抱える問題や状況を理解してもらえていると感じると、担当者への信頼感も高まります。

## ②質問にそのまま答えない

お客様の質問の背景にある、本当のニーズを探ることがなにより重要です。
例えば、お客様から「学資保険には種類がありますか?」という質問があったとします。
このとき、すぐに「はい、当行で扱っているものは○種類ありまして…」と答えるのではなく、**「〇〇様は、学資保険に種類があるかお知りになりたいのですね?」**と質問してみましょう。質問することによって、お客様が質問した理由や背景を知り、よりふさわしい商品提案ができるからです。

学資保険として利用したい目的の場合でも、「学資保険」と名前が付いていない別の商品のほうが、お客様の要望に合うことも考えられます。

お客様の質問の意図を汲み取ることで、お客様の潜在的なニーズに寄り添うことができます。

## ③確認と念押しで、お客様に考えさせる時間を与える

人は、自分で決断したいという欲求を持っています。そのため、最終的な決定は、お客様自身が行ったと思えるように、営業担当者はあくまでもサポート役に徹することが重要です。

**【トーク例】**

**「〇〇様は、~と~のどちらのポイントを重視されますか?」**といった質問を投げかけることで、お客様は自身のニーズを再認識し、納得したうえで最終決定を下すことができます。

以上のように、お客様との会話の中で、お客様のニーズやウォンツを引き出す具体的な質問を投げかけていきましょう。

70

セールストークの組み立て方

# 4つの学習タイプに合わせてセールストークを構築する

セールストークの組み立て方でもっとも簡単な方法のひとつは、40〜42ページで紹介した「4つの学習タイプ」に合わせて構築することです。

この方法は、筆者自身もテレビ通販やセミナーセールスなどで活用してきました。また、過去に筆者の講座を受講された様々な業界の受講生さまにとっても効果的でした。

人には「なぜ」「なに」「どうやって」「今すぐ」の4つの学習タイプがあります。

この4つの学習タイプに則ってセールストークを構築することにより、自分と違う学習タイプの人にも、商品やサービスを購入してもらえるようになります。

私たちは、想いを伝えたいときに、相手が理解しやすいように話を組み立てなければなりません。そうは言っても、相手の頭の中を覗いてみることはできません。そこで、相手が使用している言葉などをヒントにして、「わかりやすく」を心がけます。その方法のひとつが、4つの学習タイプに合わせる構築の仕方です。

4つの学習タイプとは、以下のとおりです。

**①なぜタイプ…「なぜ」この商品やサービスが必要なのか？　理由を知りたいタイプ（課題・問題提起）**

**②なにタイプ…これは「なに」なのか？　どんな商品・サービスなのか知りたいタイプ（商品やサービスの概要やメリット・デメリット、お客様の声、権威者の発言、レビューなど）**

**③どうやってタイプ…「どうやって」使うのか？　活用することでどうなるのか？（具体的な利用方法・手順）**

**④今すぐタイプ…今すぐ行動（行動喚起・限定性、特典など）**

「〜から始めてみませんか？」など、小さな行動から促します。行動を後押しすることが大切です。

これら①〜④の順番に話すことで、相手に理解されやすくなります。とくに相手のタイプがわからないときや、複数人に同時に説明する場合には、「なぜ」↓「なに」↓「どうやって」↓「今すぐ」の順番で伝えると、どのタイプの方にも伝わりやすくなります。
お客様は何を知りたがっているのか？　どんな未来を望んでいるのか？　など、十分にヒアリングし、お客様それぞれに合ったサービスを提案しましょう。

セールストークがうまくなる
6つの秘訣

YouTube 動画

71

売上アップに必要な声かけ

# YESかNOで答えられる質問のバリエーションを用意する

銀行の窓口でまとまったお金を引き出した際に、次のように声をかけられました。

「新NISA口座はお持ちですか？」

まだ、新NISA口座を開設していないお客様もいらっしゃいますから、とても効果的な声かけですね。引き出したお金の受け渡しという短い時間。お客様との接点を持てますから、積極的に活用したいものです。

ぜひ、上記のようなYESかNOで答えられる簡単な質問のバリエーションをストックしておいて活用しましょう。

金融機関において、売上アップにつながる効果的な声かけの具体例をご紹介します。

**①顧客ニーズの把握**

**▼ライフイベントに関する質問**

「お引越しやご旅行の予定はございますか?」

ライフイベントに関する質問をすることで、住宅ローンや新生活向けの金融商品の提案機会を作ります。

**▼資産運用への関心の確認**

「将来に向けた資産形成にご興味はありますか?」

興味の有無を尋ねることで、投資信託や保険商品の案内につなげられます。

**②商品・サービスの提案**

**▼クロスセリング**

「普通預金口座で動かしていないご資金を、少し金利が高くなる定期預金に入れておいてはいかがでしょうか?」

既存の取引関係をもとに新たな商品を提案します。

**▼キャンペーンの案内**

「現在、新規口座開設キャンペーンを行っております。まだ口座開設されていらっしゃらないご家族はいらっしゃいませんか？」

身近な人を思い浮かべてもらい、紹介を促すことで新規顧客獲得の可能性を高めます。

**③顧客サービスの向上**

▼フォローアップの提案

「ご利用の商品について、定期的な見直しをさせていただいてもよろしいでしょうか？」

商品の入れ替えなど時流に沿った提案をし、継続的な関係構築を図ります。

▼デジタルサービスの紹介

「便利なインターネットバンキングサービスをご存じですか？ 手数料が優遇されるのでおすすめです」

お客様に有利な、利便性の高いサービスを紹介します。

**④信頼関係の構築**

▼専門知識の提供

「最近の金融市場の動向についてご説明させていただきますが、お時間をお取りいただけませんか？」

お客様の金融リテラシー向上を支援します。

### ▼個別相談の提案

「お客様の資金計画について、個別にご相談させていただく機会を設けてもよろしいでしょうか？」

より深い関係構築を図ります。

これらの声かけは、お客様のニーズを把握し、適切な商品やサービスを提案することで、顧客満足度の向上につながります。それと同時に、金融機関の売上アップにつながる可能性があります。ただし、押し付けがましい印象を与えないよう、お客様の反応を見ながら柔軟に対応することが重要です。

相手の心を開く質問５選

YouTube 動画

# 72

## 商品説明の順番
# タイトルコールからクロージングまで

お客様が商品に興味を持ち、購入の意思を確認した段階で、商品説明に入ります。商品説明の仕方にも、明確な順番があります。以下のフォーマットを頭に入れておきましょう。

**【ステップ1】タイトルコール**

今から、何の説明をするのか目的を明確に伝えます。

**【トーク例】**

「今から、〇〇のご説明をいたします。15分程度かかりますが、お時間はよろしいでしょうか」

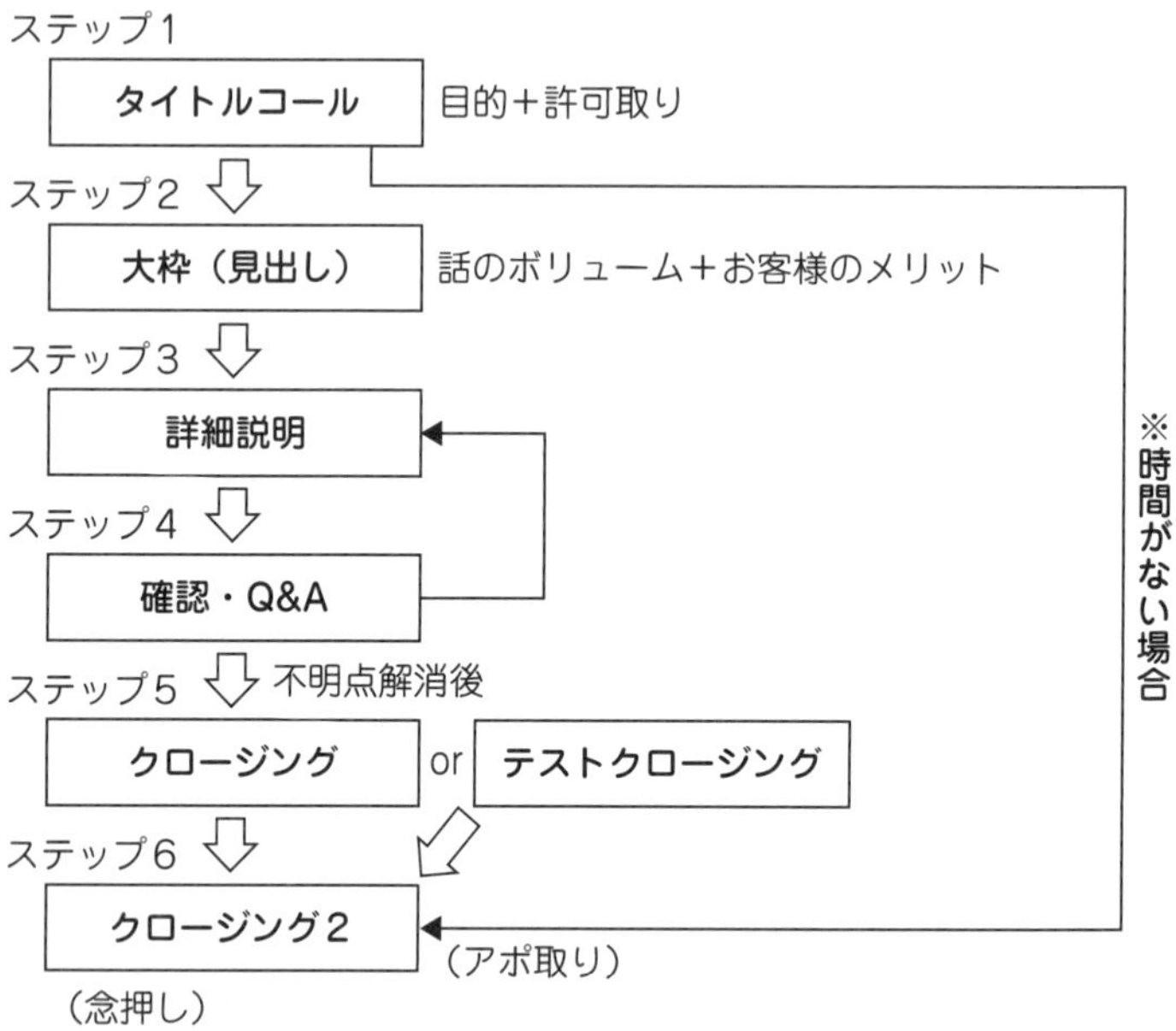


何の説明をするのか、改めて商品名を明確に伝えます。

また、お客様の時間がない場合には、ソワソワして上の空になってしまう可能性があります。商品説明にどれくらいの時間がかかるのか予告してあげると親切です。

**【ステップ2】大枠（見出し）を予告する**

どんな内容の話をするのか、それはいくつあるのか、話の全体像を伝えます。

**【トーク例】**

「5年後の期待リターン、考えられるお客様のリスク、そのほかの特典の3項目をお伝えいたします」

見出しに該当する部分は、短いキーワードが理想的です。例えばノートパソコンなら「デザイン、スペック、価格」のように見出しをつけられます。新聞の小見出しをイメージしてください。本文の内容を一言でいうとこんなことに該当する部分です。

この見出しをつけることで、詳細説明に移ったときに、話し手の話があちらこちらに飛んでしまうことも防げます。

〔ステップ3〕詳細説明

見出しに沿った中身をお話しします。

注意点としては、リターンの話の中に、リスクの話や特典の話を混ぜないことです。

【トーク例】

「こちらの商品のリスクを説明します。主に価格変動リスク、為替変動リスク、カントリーリスクがございます。価格変動リスクとは…」

とくに詳細説明に入った途端に、お客様は話を聞いていない、違うことを考えているなどが起こりがちです。

これを防ぐには、ひとつの文章は短くすることと、聞き取りやすいボリュームで話すことが求められます。

パンフレットなどを用いて説明する際には、どこの部分の説明なのか、指し示します。

**〔ステップ4〕確認・Q&A**

お客様の理解度を確認し、不明な点や質問にお答えします。

**【トーク例】**

「ここまでの説明で、何かご不明なことはございませんか？」

「気になることやご質問はございませんか？」

お客様にとってわからないことが残っていると、契約には至りません。お客様が納得し、前向きな姿勢になるまで向き合います。

**〔ステップ5〕テストクロージング**

お客様の背中を押します。人は決断することを先延ばしにしたいものだからです。

**【トーク例】**

「期間限定でキャンペーンを行っています。この機会にいかがですか」

「今は、円安傾向となりましたので、始めやすい時期ですね」

テストクロージングで、決断が見られない場合には、次のステップに進みません。ステップ4に戻り、お客様の不安箇所を払拭します。ヒアリングを再度行い、お客様のご希望に沿ったサービス内容を提案しなおす必要があるかもしれません。

金融商品にリスクはつきものです。リスク許容度は、人によって異なります。無理な契約を行うことがあってはいけません。お客様に、ご自身に合ったサービスを選択していただけるよう、サポートを引き続き行っていきましょう。

**〔ステップ6〕クロージング**

期限や申込手続き方法の説明・解約の仕方の説明を行います。購入理由のヒアリングを行います。

**【トーク例】**

「今回、〇〇様がお決めいただいた理由はどのようなことでしょうか?」

お客様が自分の意思で決定されたことを、自ら発信してもらいます。これにより、お客様の意思はさらに強固なものとなります。

また、私たちは、どのような点が決め手になったのかについて、リサーチすることもできます。今後、同じような属性のお客様に選んでいただける理由となる可能性もあります。このときにお客様が使われた言葉にも着目しておくとよいでしょう。

## 73 明朗な話し方のコツ

# 緩、急、強、弱、高、低、間

完璧な商品説明をしたとしても、話し方がイマイチだと成約には至りません。ここでは、話し方のコツをお伝えします。

アナウンサーのスキルとして、緩、急、強、弱、高、低、間と呼ばれるものがあります。ニュースの原稿読みだけでなく、ナレーションや朗読などの際にも使っている技術です。

▼緩急…速くしたりゆっくりしたりします。
▼強弱…強くしたり弱くしたりします。
▼高低…高い音や低い音を使います。

▼間……空白、スペースを作ります。

この技術をお客様への商品説明や、プレゼンのシーンの中で、どこでどのように使うと効果的かというと、以下のとおりです。

**◉話し方の5つのポイント**

**①項目が変わるときに「間」を取る**
**②次の項目に移ったら声のボリュームを20%大きくする**
**③キーワードの前で「間」を取る**
**④キーワードは強くゆっくり話す**
**⑤お客様が考えている最中は黙る**

上記のポイントを押さえるだけで、話し方は見違えるように良くなります。ぜひ試してみてください。

74

確認と念押し

# 納得して購入するための重要なプロセス

セールスにおいて確認と念押しは、お客様が自身で納得して購入を決断できるようにするための重要なプロセスです。

なぜならば、人は「自分で決めたい」という欲求を持っているためです。ですから、営業担当者の役割は、お客様の決定をサポートすることになります。

お客様は必ずしも自分のニーズを明確に理解しているとは限りません。お客様自身が何を求めているか把握できていないケースは意外と多いものです。そのため、営業担当者はお客様との会話を通じてニーズを「あぶり出す」必要があります。そのためお客様の真意を「確認」したり、お話ししてくださった内容が合っているか「念押し」したりします。

**①確認**

お客様の真意を理解するために、質問を投げかけたり、発言を繰り返したりします。

例えば、お客様から商品の為替リスクについて質問を受けた場合、「為替リスクについて、詳しくお知りになりたいのですね」と確認します。お客様がどの部分をとくに気にされているのか、探りながら疑問点を払拭できるようにお答えしていきます。

**②念押し**

お客様が自身の考えを整理して、最終的な決断を下せるように、重要なポイントを繰り返し伝えたり、最終的な意思を確認します。例えば、商品のメリットや購入条件などを再度説明し、「ここまでの説明で不明な点はございませんか？」などと確認します。

確認と念押しを効果的に行うことで、お客様は自分が納得したうえで購入を決断できたという満足感を得られ、その後の顧客満足度や信頼関係の構築にもつながります。

75

不安要素を払拭する

# 先に言うことで不安要素を除いてあげる

人は、常に不安要素を抱えているものです。その不安要素を担当者が先に言ってあげることで、お客様の安心感につながることもあります。なぜなら、自分が思っていたことや、言語化できていないことをズバリ言ってくれる人のことを信用できると感じるものだからです。

お客様は、どのようなことに不安を感じているのでしょうか。この答えは、自分が何か高額な商品を購入する場面で考えてみると思い浮かぶことでしょう。

## ◉代表的な不安要素

▼もっと良いものがあるのではないか?
▼もっと自分に合うものがあるのではないか?
▼目の前の人を信用できるか?
▼損をしたくない
▼裏切られたくない

【トーク例】

「もっと利率の良い商品があれば良いのですが、こちらの商品はリスクと利回りのバランスが最も優れている設計になっていると感じています。もちろんもっとリスクを取れば大きなリターンを見込める商品もありますが、資産を守るうえではお勧めできかねます。いかがでしょうか」

自分が購入する立場になったときに、不安に思う点を払拭するような切り返しトークをあらかじめ準備しておきましょう。

## 76

切り返しトークを身につける

# 断りに応える トーク術を準備する

お客様がこう言ったらこう答える、というような自分なりの返答を準備しておくと、セールスは楽しくなります。

「仕事は段取り」と言われます。セールスシーンにおける段取りとは、まさにこの切り返しトークのことです。切り返しトークを準備できている人は、お客様がどのような反応をしようとも、慌てることなく応対できるものです。

**【トーク例】**

**①おうむ返し＋質問話法**

お客様の使った言葉をそのまま用いたうえで、質問を投げかける方法。

「そうですね。〇〇様のおっしゃるとおり、多くの方が余裕がないとおっしゃいます。〇〇様は、将来のために何かほかにお考えになっていることはございますか?」

**②イエス・アンド法**

お客様を肯定し、「そして」というつなぎ言葉を用いてお困りごとを聞き出していく方法。

「はい、△△はとても人気がある商品ですね。〇〇様もお考えですか?」

**③疑問解消法**

お客様の疑問点を納得いくまで解消していく方法。

「他に気になる点はございますか?」

「私の説明でわかりにくかった点はございませんか?」

**④不満リサーチ法**

お客様の不満な点、満足いかない点をお伺いする方法。

「(他金融機関など)そちらの商品を決めかねた点はどのようなことですか?」

「他でお決めになったとのこと、〇〇様に合う商品が見つかってよかったです。勉強のためにどのような商品か教えていただけますか?」

### ⑤引用法

新聞や公的機関発表のデータを引用したり、他のお客様の声を紹介する方法。

「こちらのカードをご活用のお客様から、～という喜びのお声をいただきました」

「賃金上昇への期待から日本株への注目も高まっています」

### ⑥二者択一法

2つのうちどちらかを選択してもらう方法。

「〇〇と△△でしたら、どちらがお好みでしょうか？」

お客様からよく質問されることは、リスト化し、誰が回答しても同じ内容を答えられるよう、職場内で共有しておきましょう。

失敗しない営業
3つのポイント

YouTube 動画

77

決断してもらう方法

# テクトクロージングを重ねてYESを積み上げる

テストクロージングを行い、ＹＥＳが積み上がってからクロージングを行います。疑問点が残った状態では、お客様は決断できません。また、人はなるべく決断をしたくないと思っているものです。なぜなら、失敗したくない、損をしたくない、後悔したくないからです。ですから、お客様に決断を促すひと言で背中を押してあげます。

商品説明まで聞いたお客様は、本気度が高まっています。そして、沈黙の時間がやってきます。お客様は、この沈黙の時間に「どうしようか」と考えています。このお客様からのシグナルをキャッチしながら、効果的なひとことでサポートしてあげましょう。

**【トーク例】**

「このまたとない機会に始められてはいかがですか！」

「仮に始めるとしたら、いつ頃からスタートしたいなどご希望はございますか？」

「検討します」と言われたら

YouTube 動画

78

背中を押す魔法のフレーズ

# 決断できないお客様を導く最後のひと押し

金融機関の商品は、目に見えないものがほとんどです。お客様に未来像をいかにしてイメージしてもらえるかで、成約率が変わってきます。

私たちは、専門家としてお客様の理想の未来に携わることができます。堂々とした姿勢と声で、お客様を導いてあげましょう。

**◉クロージングの魔法のフレーズ**

**▼今すぐ法**

お客様のモチベーションが高いタイミングでクロージングします。

「お手続きは、本日このあと行いますか？」

▼期間限定法

キャンペーンなどを活用する方法。

「金利優遇のキャンペーンは今月いっぱいとなっております」

「今なら、〇〇プレゼントもございます」

▼二者択一法

二択から選んでいただく方法。

「ご名義は、ご主人様と奥様どちらになさいますか？」

「期間は3年、5年、どちらがよろしいですか？」

また、お客様の行動を褒めてあげることも信頼関係の構築につながります。「褒める」といっても、失礼のないようスマートな言い回しをマスターしましょう。

**【トーク例】**

「〇〇様が、迅速にご対応くださったおかげで、スムーズに手続きを進めることができました。ありがとうございます！」

79

お断りを次につなげる声かけ

# 次の機会につなげる可能性を残しておく

「セールスは断られたときがスタート」と言われます。金融機関に限らずあらゆる業界で、トップセールスマンであっても成約数よりも断られる数のほうがはるかに多いのが一般的です。つまり、断られることは営業活動において日常的なことと認識されています。

トップセールスマンは「営業は断られてナンボ」「断られてからが勝負」という考え方をします。お客様のお断りを単なる障害ではなく、次の機会につながる可能性として捉えているからです。では、どのようにして、次につなげているのでしょうか。

お客様が断った理由を聞きます。これによってお客様の真のニーズをつかもうとします。

**【トーク例】**

「お忙しい中、お時間をお取りいただきましてありがとうございました。もしよろしければ、今回こちらの商品を決めかねた理由をお聞かせいただけますか？」

「○○様のご希望に合った提案ができるように、精進いたします。私の勉強のためにどの点がご不満だったのかお聞かせいただけると助かります」

お客様との関係性を大切にし、次の機会に活かしていきましょう。

接客時の声のかけ方

YouTube 動画

80

ファンを増やす声かけ

# 情報提供、フォロー、感謝があなたのファンを増やす

お客様にファンになってもらえるメリットは計り知れません。企業や商品のファンになったお客様は、長期的に愛用してくれたり、紹介や口コミも自ら行ってくれます。「推し活」ブームの昨今、あなたという担当者のファンになってくれるお客様が一人でも多く増えるように、声かけを行いたいものです。

**【トーク例】**

▼価値ある情報を提供する

「○○様のご関心に合わせて、こちらの情報をお持ちしました。ご参考になれば幸いです」

▼定期的なフォローアップ

「皆様お変わりありませんか。ポートフォリオの定期的な見直しのため、ぜひご来店ください」

▼感謝の気持ちを伝える

「いつもご愛顧いただき、ありがとうございます。○○様のおかげで私も成長させていただいております」

時には、電話やハガキなどを通じて、お客様に忘れられないようにする工夫が必要です。お客様に頼れるパートナーと感じていただけるよう誠実に対応しましょう。

ファンを増やす声かけ

YouTube 動画

# 81

新規客を呼び込む声かけ

# 誘客からセールスにつなげる手厚い声かけ法

最近は土日に、住宅ローンセミナーや資産運用勉強会を開催している金融機関も多くなりました。有名投資家を招いての勉強会や、ＦＰなどの専門家によるセミナーで集客が行われています。

このようなセミナーや勉強会に時間を割いて来店するお客様は、かなり関心が高い見込み客です。せっかく予算をかけて行った集客がムダにならないよう、対応したいものです。

来店時のアンケートや終了後のフォローアップなど、できることはさまざまあります。

中でも、紹介でいらっしゃったお客様には、共通の知り合いであるご紹介者様がいらっしゃいます。ご紹介者様には、お手紙などでもよいのでお礼とご報告を必ず行いましょう。

そのうえで、新規のお客様に来店を促したり、アポを取る声かけを行います。

**【トーク例】**

▼専門知識を活かしたアドバイスを提供する

「最近の市場動向を踏まえた投資戦略をご説明させていただきます。一度お時間をお取りいただけますでしょうか?」

▼安心感を与える

「当行は○○年の歴史があり、多くのお客様に信頼いただいております。ぜひ一度、ご相談にいらっしゃいませんか?」

▼具体的なメリットを提示する

「当行の新規口座開設キャンペーンでは、初回取引で特典をご用意しております。本日お申し込みいただけますので、この機会にいかがですか?」

▼個別のニーズに応える姿勢を示す

「お客様のライフステージに合わせた、最適なプランをご提案させていただきます。住宅ローンをお考えですか？」

▼継続的なサポートを約束する

「口座開設後も、定期的なフォローアップを行い、お客様の資産運用をサポートさせていただきます。ぜひ一度、お客様のご希望をお聞かせください！」

▼デジタルサービスの利便性をアピールする

「当行のオンラインバンキングサービスは24時間ご利用いただけ、手数料も優遇されています。わからないことがございましたら、サポートセンターもございますので、お試しになりませんか？」

新規のお客様への声かけの目的はアポを取ることです。明確な目的意識を持ちましょう。来店していただくお時間をとっていただくことで、はじめてお客様のお話をしっかり聞くことができます。

# おわりに

最後までお読みいただき、ありがとうございました。1冊の本を最後まで読むというだけでも、あなたの向上心や情熱や意思の強さを感じます。

私はこれまで多くの受講者さんに話し方・伝え方のトレーニングを行ってきました。話し方は、まさにトレーニングによって、後天的に上達するものです。筋トレと同じです。トレーニングを積み上げていくから、技術向上できますし、スキルとして維持できます。

トレーニングを行っていると、飛躍的に技術向上する方と、ご自身で思っているようなペースでは、技術が身につかない方がいらっしゃいます。

何が違うのか、というと「素直さ」です。

上達が早い人は、アドバイスしたことを、素直にそのまま実践し、現場で試したうえで報告をしてくれます。1回でうまくいく（身につく）ものではなくても、何回かトライし、うまくいくことを体感されます。実践したうえで、うまくいかなければ、どこを修正したらよいか、フィードバックをもとに修正されます。そして、実践報告ができる人は、スキルを向上させ、ご自身の言葉で人生を変えていきます。

一方で、アドバイスを「参考にします」という人は、一向に上達しません。「参考にする＝アドバイスどおりにそのまま実践しない」ということです。

実践しなければ、今までと同じ、何も変わらないことになります。また、人は、自分らしさ（個性）を出したいと、つい自分のオリジナルを入れたくなるものです。自分に合っている方法はなんだろう、と考えて行動が止まってしまう方もいらっしゃいます。話し方や伝え方で悩んでいるのに、頑なに自分のやり方にこだわっています。

それだと、どんなに知識をつけようと、どんなに練習しようと変わりません。筋トレも正しいフォームで行うからこそ、目的の部位に筋肉を付けることができます。正しいフォームで行わなければ、いくら時間をかけても目的を達成できません。

スキルとして身につけられるかどうかは、学んだことを素直にそのまま実践できるか否かの違いです。知識だけ身につけても、口から出てくる言葉や話す順番が変わっていなければ、机上の空論です。

「知っている」と「できる」は違います。さらに、「やり続ける」に昇華させてほしいと願っています。

私自身、話すことは苦手で、人とのコミュニケーションに悩んできました。失敗することもあるけれど、その度に「次はこうしてみよう」と改善し続けています。

それでも、仕事の場と限定するならば、その時々のベストアンサーは導きやすいものです。仕事という目的がはっきりしているからこそ、同じ目的に向かって一緒に働く職場の人や、関係者、お客様と、仕事に必要なミスのないコミュニケーションをはかることができれば、目的は達成できます。

本書では、営業担当者の話し方・伝え方をＴＰＯに応じて使い分けられるフォーマットを各所に入れ込んでいます。「こういうときには、こう話す」という対処法や答えがわかるように執筆しました。ぜひ、困ったときは、辞書のようにお使いいただきたいと思っています。

そして、もしもこの書籍の中に書いていないお困りごとが出てきたら、私の公式ＬＩＮＥにご連絡ください。あなたのお困りごとを解決できるように、私も一緒に考え、解決策を動画や音声でお届けしようと思っています。また、本書の感想や、実践結果のご報告などもお送りいただけたら、筆者はとても喜びます。

本書の中にあるどれかひとつでもいいので、「素直に」やってみるという実践をしてほしいと思っています。ビジネス本は、「使ってなんぼ」だと常々感じています。「あー、知ってる」と思ったことでも、実際にやっているか、できているかで、今後のあなたの話し方は大きく変わることでしょう。

話し方が変われば、人生が変わります。

自分の声が嫌でたまらなかった、子供時代。マネされて、イジメられて、生きているのが辛かったことは今でも忘れられません。声・話すことを仕事にすれば、嫌なことを言われないいんじゃないか？　と考えたのが、私がアナウンサーになろうと思ったきっかけでした。

もちろん、「アナウンサーになりたい」と言ったら、「できるわけないでしょ」と、周囲のドリームキラーたちに叩かれました。身近な人が、必ずしも応援してくれるわけではないのです。

そこで私が学んだことは、自分の夢や目標は、すでに達成している人にしか言ってはいけない、ということでした。現役のアナウンサーや元アナウンサーに会ったら、そんなことは言われませんでした。話し方のトレーニングを積みながら、ナレーションやMCのお仕事を続け、運よく、キー局での生放送を3年間にわたり担当することができました。

アナウンサーとして仕事をした結果、今では「さすが、イイ声ですよね」と言われたりします。

ただ言えることは、声質自体は変わらない、ってことです。私が行ったトレーニングは「話し方」です。発声や滑舌、話す順番など、伝えるために必要な技術を習得しました。だからこそ、トレーニング次第で「話し方」は変えることができると自負しています。そして、通販番組などで培ってきたメソッドを追加して、営業パーソンに教えるようになりました。

相手が行動してくれる話し方を「パブリック・スピーキング」と言います。パブリック・スピーキングを必要とする職業の代表と言えば、政治家や企業研修の講師などです。例えば、政治家なら、選挙権を持つ人たちに投票という行動をしてもらう話し方ができなければなりません。

東京都北区の山田加奈子区長も、ご自身の話し方に課題を感じていらっしゃいました。

私のプライベートレッスンを受講されたときは区議会議員でしたが、その後、都議会議員となり、現在は北区区長としてご活躍中です。

はじめは、魅せ方や間の取り方、目線の配り方など、話の中身よりも「話し方」に着目してレッスンを行いました。どんなに素晴らしい内容でも、聴衆に聴いてもらえなければ伝わることはないからです。

優秀な話し手は、聞き手が「この人の話を聴こう」と準備させるのが上手です。話し出す前にすでに勝負が始まっているんですね。聴いてもらえる話し手になったら、次は、言葉の選び方です。言葉の選び方次第で、伝わるか伝わらないかが分かれます。政治家は、ひとりでも多くの有権者に行動してもらう、という行動変容を起こさなければなりません。

そこで私がしたアドバイスは、「みなさん」という言葉を使わない、ということです。「え!?」と驚かれましたか？「みんな使ってるよ」と思った方も多いことでしょう。どういうことなのか、解説します。

理由は、「みなさん」と言われると、人は自分のことじゃない、と思ってしまうからです。「みなさん」＝他の人、というイメージです。

自分のことじゃない、と思ってしまうと、聞き手の心に響かなくなってしまいます。聞いていても右から左にスルーする感じです。

これを避けるために、「みなさん」という言葉には必ず限定性をプラスします。限定性を入れることで、人は、自分のことだとハッとします。

ラジオでは「リスナーのみなさん」、テレビでは「テレビの前のみなさん」、イベントでは「ご来場のみなさん」、書籍なら「読者のみなさん」などと使います。

私に言われた！　と聞き手に思わせるために、「みなさん」には限定性のあるワードをくっつけます。

山田区長にアドバイスしたことは、次のとおりです。

「みなさん、こんばんは」と呼びかけるより、「支援者のみなさん、こんばんは」と呼びかけたほうが、レスポンスがはるかに良くなります。聴衆に私のことだと思わせる限定性ワードをくっつけてみてください。それによって、聴衆の聴く準備が整います。話の途中でも、みなさんを使うときは、限定性ワードもセットで使いましょう。

「私のことだ」「私に言われている」と思ってもらえるような言葉の選択を意識的にすることで、多くの方に伝わる演説やスピーチになります。ひとりに刺さらない話し方は、誰にも刺さりません。大勢がいらした場合でも、誰かひとりに届くこと、伝わることって、ものすごく大事なことなのです。

読者のみなさんも、これならすぐに使えるのではないでしょうか。朝礼でのスピーチなら「○○会社のみなさん」「○○部のみなさん」、お客様への説明なら「○○をご利用のみなさん」「○○をお使いのみなさん」、ＰＴＡや保護者会でのスピーチなら「保護者のみなさん」「お集まりのみなさん」…。

その場にいる人を巻き込む言葉は、限定性（所属を意識させる）言葉です。

営業担当者にとって、お客様が最終的に「買う」という行動をサポートするのが仕事のひとつです。これはまさにパブリック・スピーキングの世界です。

話し方次第で、相手が動き、自分がやりたいことを一緒に実現させることもできます。「話し方」という発信力が身につくと、大勢の方に応援してもらえるようになります。応援してもらえる自分でいようと思うと、たとえ意見が対立したときにも、相手の主張に耳を傾け、相手の望むものを理解し、どのようにお手伝いできるか考えられるようになります。決して、相手を言い負かすようなことをしてはいけないのです。相手が気持ちよく動いてくれる伝え方を選択するようになります。

話し方で人生が変わる、とお伝えしました。

私は、多くの人の話し方が変われば、社会が変わると思っています。そのために、話し方で人生を変える人をひとりでも多く輩出したいと考えています。私は、クライアントや受講者さんが「話し方」によって、望む人生を歩めるようこれからもサポートし続けます。

本書が、あなたの「話し方・伝え方」のパートナーのような存在として、寄り添うことができたなら本望です。折にふれて、必要な箇所を読み返していただけたら幸いです。

そして、私と一緒に話し方トレーニングを積みたくなったら、株式会社E-Voiceのサービスを利用してみてください。あなたの「話し方・伝え方」を通じて、あなたの周りの人の人生をも変えていきましょう。

最後に、本書を執筆するにあたり、何度もミーティングを重ね私を導いてくださった近代セールス社のみなさま、いつもアイデアをくださるアイディア社のダーキー・ジェイソンさん、RNの平秀信さん、弊社E-Voiceの受講者・クライアントのみなさま、アシスタントのアカリさん、私を支えてくださったことに心から感謝申し上げます。

「話し方・伝え方」で、あなたの目標は達成されると信じています。

2025年2月

株式会社E-Voice　福田記子

## 著者紹介

福田記子（ふくだきこ）
株式会社E-Vo・ice代表取締役。
https://evoice-net.co.jp/

公式LINE
アカウント

ニッポン放送での生放送出演アナウンサーの経験を経て、テレビ通販業界へ。1商品1億円売り上げる。自身のセールス実績をもとに営業チームの研修をはじめ、ビジネスマナーや職場でのコミュニケーションなど企業研修を行っている。著書『スタッフの声の出し方ひとつで飲食店は大きく伸びる』旭屋出版。

お問合せ先：info@evoice-net.co.jp

**できる営業担当者の話し方**
**あなたのコミュニケーション能力を高める81項**

2025（令和7）年3月27日　初版発行

著者　福田記子
発行者　大畑数倫
発行所　株式会社近代セールス社
https://www.kindai-sales.co.jp/
東京都中野区新井2－10－11ヤシマ1804ビル4階
〒165－0026　電話（03）6866－7588
DTP・印刷・製本　株式会社木元省美堂
用紙　株式会社鵬紙業



ISBN978-4-7650-2416-7